物 业 管 理 培 训 指 南

物业

客户服务与投诉处理

吴 杰 主 编
林 琅 主 审

全国房地产业深圳培训中心
太原市物业管理协会　组织编写
仁和物业培训中心

U0314249

化学工业出版社

·北京·

内容简介

《物业客户服务与投诉处理》一书涵盖了物业客服中心建设、物业入住期客户服务、物业常规期客户服务、物业客服有效沟通、物业客户投诉处理五个方面的内容。

本书内容丰富，着重突出可操作性和实践性，是一本实用的物业指导手册和培训用书。同时，本书采用文字图表化的表达方式，简化了阅读难度，提高了阅读效率，方便读者快速理解和掌握关键知识。

本书既可作为物业企业内训手册，帮助员工提升专业素养；也可作为职业院校的参考用书，为学生提供实践性的学习材料；还可作为学员或员工自学读本和行业协会的推荐用书，为整个物业管理与服务行业提供有价值的指导。

图书在版编目（CIP）数据

物业客户服务与投诉处理 / 吴杰主编 ； 全国房地产业深圳培训中心， 太原市物业管理协会， 仁和物业培训中心组织编写 . -- 北京 ： 化学工业出版社， 2025. 1.
（物业管理培训指南）. -- ISBN 978-7-122-46648-8

Ⅰ. F293.33-62

中国国家版本馆 CIP 数据核字第 2024DJ6793 号

责任编辑：陈　蕾　　　　　　　　　　装帧设计：溢思视觉设计／程超
责任校对：张茜越　　　　　　　　　　　　　　　　E-mail: isstudio@126.com

出版发行：化学工业出版社（北京市东城区青年湖南街 13 号　邮政编码 100011）
印　　装：三河市双峰印刷装订有限公司
710mm×1000mm　1/16　印张 13½　字数 210 千字
2025 年 1 月北京第 1 版第 1 次印刷

购书咨询：010-64518888　　　　　　售后服务：010-64518899
网　　址：http://www.cip.com.cn

凡购买本书，如有缺损质量问题，本社销售中心负责调换。

定　　价：58.00 元

前言

Preface

在当今社会，随着城市化进程的加速和居民生活水平的提高，物业管理的重要性日益凸显。作为物业管理的重要组成部分，物业客户服务与投诉处理深刻影响着物业公司的整体形象和运营效率。因此，加强物业客户服务与投诉管理，对于提升物业管理水平、保障业主生活质量具有至关重要的意义。

与此同时，物业服务行业对人才的需求标准也在不断提高。面对复杂多变的物业管理环境，物业管理人才的专业化程度应进一步提升，不仅要掌握基础的物业管理知识和技能，还需深入了解物业智能设备、物业管理系统等先进技术；此外，物业管理人才还需要具备较强的应变能力，能够快速并有效地应对各种突发情况。

物业服务的基础岗位，如客服、安保、保洁、设备维修等，对人员技术能力和综合素质的要求也日益严格，物业从业者必须不断学习，提升自己的业务知识及专业技能，形成持久的竞争优势。

为此，《物业客户服务与投诉处理》一书应运而生，以期为物业从业者提供一个宝贵的学习和自我提升平台，将物业从业者培养成各自岗位的"专家"，并帮助他们积累知识、增长才干，不断提升工作效率和业绩。

本书涵盖了物业客服中心建设、物业入住期客户服务、物业常规期客户服务、物业客服有效沟通、物业客户投诉处理多个方面内容，而且突出操作性和实践性，是一本非常实用的物业指导手册和培训用书。同时，本书将文字图表化，降低了阅读难度，提高了阅读效率，读者可快速理解和掌握关键知识点。

　　由于编者水平有限，书中难免存在疏漏，敬请读者批评指正。

编　者

目录

Contents

第二章 033 | 物业入住期客户服务

第四章
113

物业客服有效沟通

第五章

163

物业客户投诉处理

第一章
Chapter one

物业客服中心建设

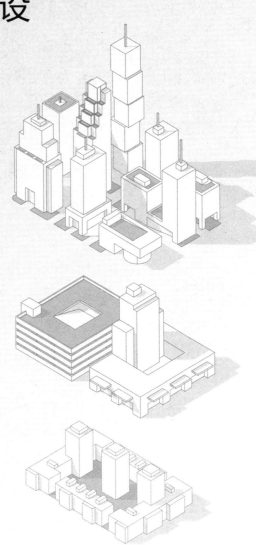

>>>>> **章前指引**

物业客服中心建设的重要性不言而喻，对于提升服务质量与业主满意度、塑造品牌形象、提高工作效率、促进团队成长以及灵活应对挑战与变革等方面具有重要的意义。因此，物业公司应高度重视客服中心的建设，不断优化团队结构、提升团队实力、完善管理制度，打造一支专业、高效、团结的客服团队。

第一节　物业客服中心建立

客服中心具有协调、沟通、公关、服务等职能，是物业公司对客服务的部门（岗位），是物业公司与业主（用户）❶之间沟通的桥梁，是公司管理的窗口。客服中心的服务体系、工作程序、资料管理及员工的服务意识、职业道德、服务质量、操作技能、应变能力，乃至仪表、言谈、举止等，对物业公司的形象和声誉都会产生影响。

一、客服中心的主要职责

客服中心的主要职责如下。

1. 接待工作

（1）受理业主（用户）的日常咨询、报修等工作，并负责通知相关部门及时处理。

（2）负责接听客服热线，接待来访业主（用户）及其他客户。

2. 沟通协调及投诉处理

（1）客服中心作为物业公司对外的窗口，负责协调与上级单位及行政主管部门的关系。

（2）负责与业主（用户）、业主委员会等进行沟通。

（3）收集业主（用户）意见，处理业主（用户）投诉。

3. 监管工作

（1）负责各项工作的监督与检查。

---

❶ 业主（用户），后文也称为业主、用户或业户。

（2）负责外包项目（清洁、消杀、绿化、电梯维护等）的检查与监管。

4. 资料档案管理

（1）负责业主（用户）各项资料（档案、装修资料）的管理。

（2）负责走访、回访、统计资料的管理。

（3）负责物业公司各类管理文件的整理。

（4）负责文书的起草、印发等工作。

5. 社区文化活动开展

（1）组织开展物业公司的各类社区文化活动。

（2）负责做好活动总结。

6. 综合事务处理

（1）物业公司各项费用的催收、收取。

（2）为业主（用户）提供收楼、办证等服务。

（3）制定物业公司的各项规章制度。

二、客服中心的整体运作流程

客服中心的整体运作流程如图 1-1 所示。

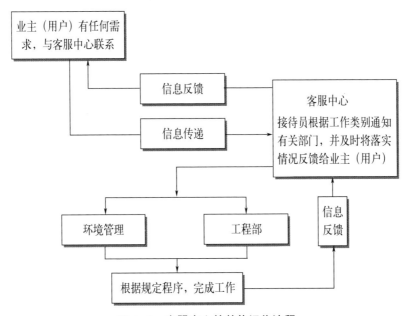

图 1-1　客服中心的整体运作流程

三、客服中心的岗位构成及职责

客服中心通常由图 1-2 所示的岗位构成。

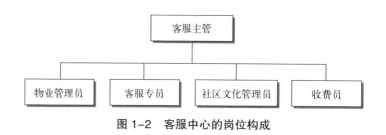

图 1-2　客服中心的岗位构成

1. 客服主管岗位职责

（1）积极参加业务培训，严格执行物业公司的各项制度。

（2）熟悉所管辖物业的基本情况，包括楼栋户数、居住人员情况、物业服务费标准、有偿服务的收费标准和计算方法等。

（3）对所分管的事务进行协调、监督、管理，做好各项日常工作的记录，按时上报物业公司领导。

（4）接待业主（用户）和来访客人，对于业主（用户）提出的建议、意见、投诉，要认真倾听、详细记录、耐心解释、及时处理。

（5）与业主（用户）保持友好关系，定期上门回访，按照要求组织开展业主（用户）意见调查，提高客户满意度。

2. 物业管理员岗位职责

（1）熟悉有关的物业管理法律法规及政策，熟悉所管辖物业和业主（用户）的基本情况。

（2）负责业主（用户）来访、投诉、报修的登记和接待工作。

（3）负责物业公司的公文处理、档案管理等工作。

（4）监督检查小区的清洁、绿化工作，巡查小区的治安情况，对客服主管负责。

（5）根据小区清洁、绿化管理工作程序及标准，开展日检、周检工作并进行记录，同时监督相关人员的工作实施情况。

3. 客服专员岗位职责

（1）为业主（用户）提供服务，包括咨询服务、维修服务、投诉受理服务、接待服务以及回访服务等。

（2）资料归档，做好重要电话、留言、投诉以及各项工作的记录；整理业主（用户）的服务档案。

（3）业主（用户）入伙❶手续、装修手续办理，清楚业主（用户）入伙与装修的具体手续，入伙期间，及时追踪业主（用户）的房屋质量不合格单，建立业主（用户）的服务档案；装修期间，按物业管理规定办理装修出入证、放行条。

（4）办理车位租赁和车卡发放等工作，在规定期限内完成业主（用户）车位租赁合同的签订；负责车卡的办理、延期、注销及建档等工作。

（5）办理水、电、管理费的过户、报停和报启等手续。

4. 社区文化管理员岗位职责

（1）在客服主管领导下，开展社区文化及社区宣传等活动。

（2）熟悉国家和本地的物业管理法规、政策，熟悉小区业主（用户）和配套设施的基本情况，熟悉各类文化活动的特点。

（3）制订年度社区文化活动计划，报上级批准后实施。

（4）采取多种方式向业主（用户）宣传物业管理政策、法规，以及物业管理的措施与服务项目，促进业主（用户）了解在社区推行物业管理服务的意义。

（5）根据业主（用户）的特点，组织各种聚会和文体活动，活跃小区的气氛，与业主（用户）建立良好的互动关系。

5. 收费员岗位职责

（1）收款建账，负责水费、电费、维修费、管理费、固定车位费的收取，以及物业公司日常现金项目的收款、建账、核算等工作。

（2）账务管理，按照财务制度，负责物业管理现金、发票、收据、账簿的保管。

（3）统计工作，负责水费、电费、管理费收费单的分类、发放、统计、报账等工作，并协助业主（用户）补单。

（4）报表报送，向物业公司财务核算室报送各类财务报表。

（5）解答业主（用户）对费用事项的咨询，熟悉小区水电费、管理费、车位租赁费等各项费用的收费标准，向业主（用户）做好解释工作。

---

❶ 入伙指物业入伙，又称业主入住，是业主领取钥匙，收楼入住的过程。

> 💡 **请牢记：**
>
> 　　不是所有的物业客服中心都会设置以上岗位，而是要根据物业规模的大小灵活调整，有些岗位可合并为一个岗位，比如，有的物业公司并不设立社区文化建设这一岗位，而是由客服专员或物业管理员来承担。

第二节　客服人员应遵守的工作制度

　　没有规矩不成方圆，作为客服人员，应遵守公司的规章制度，尤其是要充分了解与客户服务有关的政策。

一、客户服务值班制度

　　为使各项工作保持连续性，确保 24 小时提供服务，物业公司通常会制定值班制度。作为员工，要了解值班制度的主要内容并严格执行。

　　（1）客服中心全天候有人值守，24 小时为业主（用户）提供服务。

　　（2）客服人员在当值期间处理各类来电、来访，将来电、来访内容记录在值班记录表（如表 1-1 所示）上，并通知相关部门人员处理；对业主（用户）的报修，还应开具维修工作单，并通知维修部相关人员及时处理。

表 1-1　客服中心值班记录表

日期 / 时间	详细事项	事项记录人	事项处理人	事项处理及跟踪情况

　　注：1.在"详细事项"栏内应填写清楚事项内容，包括客户姓名、地址、联系电话、具体事项，可填写多行。

　　2.在"事项处理及跟踪情况"栏内应填写事项传达到的相关责任人、传达时间及处理情况；如需跟踪，应有跟踪结果，可填写多行。

　　3.此表保存期为 1 年。

（3）夜班期间，不能及时处理的投诉、报修等事项（非紧急情况），应在次日交接班时与当值客服管理员交接清楚。

（4）任何情况下，客服中心均应保证至少有一人值守；夜间值班人员如处理紧急事项不能值守，应安排其他人员代值。

（5）当班期间能处理的问题应及时处理，不应留给下一班。

（6）值班人员应提前 10 分钟到岗，以便交接班。

二、客户服务交接班制度

为规范客服中心值班与交接班工作，确保全天候向业主（用户）提供优质的服务，物业公司应制定交接班制度。

1. 接班

（1）接班人员提前 10 分钟到达客服中心进行岗位工作交接。

（2）接班人员清点岗位上所有物品，如对讲机、电话机、电脑等，如发现缺损，立即向交班人员问明原因并做好记录。

（3）认真查阅值班记录，询问上一班工作完成情况。如有需要继续跟进的工作，应及时处理并做好记录。

（4）检查工作区域有无异常情况，如有，则要求交班人员立即作出解释，并做好记录。

（5）交接双方确认无误后，接班人员在值班记录本上签名并开始工作。

2. 交班

（1）交班人员提前 15 分钟将物品摆放整齐，确保桌椅干净无灰尘、无杂物。

（2）认真做好值班记录，整理好相关的工作资料。

（3）将未完成的工作如实向接班人员交代清楚。

（4）互相签名后，交班人员方可离岗。

（5）一般情况下，交班人员应将本班的工作处理完毕后再交班。重要的工作未处理完毕，交班人员不允许下班。

3. 交接班要求

（1）接班人员验收时发现的问题，由交班人员承担责任；交接过程中发生的问题，由交接班双方承担责任；交接完毕接班人员签字认可后发生的问题，由接班人员承担责任。

（2）接班人员未到岗，或虽已到岗但未办完交接手续时，交班人员不得下班。否则，这期间发生的问题由交班人员负责。

（3）客服主管每天上班时应检查交接班记录（如表 1-2 所示），值班人员应主动向主管汇报值班工作情况。

表 1-2　客服中心交接班记录表

值班人员		值班时间	
接班人员		接班时间	
值班情况			
交接事项			

三、首问责任制管理规定

首问责任制，是指首问责任人必须尽自己所能给业主（用户）提供最佳的服务，直至问题最后解决的责任制度。

1. 首问责任人

首问责任人，是指当业主（用户）要求物业客服中心提供帮助时，所接触的物业客服中心第一位员工。

2. 首问责任制的要求

（1）首问责任人要以认真、负责的态度接待来电、来访业主（用户），尽职尽责为业主（用户）排忧解难。

（2）首问责任人对自己职责范围内的工作要认真对待，耐心做好解答；自己不清楚的事项,应弄清楚后再答复。不属于本岗位职责的事项,要转达给有关领导、有关部门和有关人员,并做好跟踪服务,直至问题解决。

(3)属于电话咨询或投诉的,接听电话的工作人员为首问责任人,应将反映的事项、来电人姓名或房间号、联系电话等进行详细登记,并告知相关部门办理。

(4)业主(用户)办理相关事项的,首问责任人应告知具体的程序、要求或时限。能当场办理的,应当立即办理;未能及时解决的,也应告知预计的解决时间。

(5)来电、来访者的问题若不属于物业客服中心管理范畴,首问责任人不得以此为由予以搪塞、推诿或敷衍了事。首问责任人应及时与相关人员联系;当无法联系上相关人员时,应将来电、来访者姓名、电话号码及具体事项进行记录,并承诺尽早给予答复。

(6)对要找领导的业主(用户),首问责任人应将其领至物业客服中心接待室等候,同时,询问事由,及时向领导汇报。

(7)如首问责任人不负责任,给公司造成不良影响和后果的,应追究首问责任人及所在部门负责人的责任。

(8)客服人员不仅要精通本职工作,而且要了解物业客服中心的工作程序,以便更好地执行首问责任制。

3. 首问责任制工作流程

首问责任制工作流程如图1-3所示。

四、客服人员岗位规范

制定客服人员岗位规范是确保物业服务质量、提升客户满意度以及维护公司品牌形象的重要措施。物业客服人员岗位规范的内容包括工作流程、行为规范、仪容仪表、主要职责、服务态度与禁忌、工作要求、职业安全等。以下是某物业服务企业客服人员的岗位规范,仅供参考。

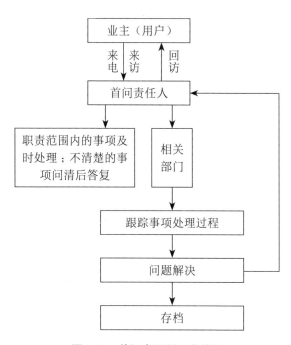

图1-3　首问责任制工作流程

【范本 1-01】▶▶▶ ---

客服专员岗位规范

	服务前，整理仪容仪表	主要职责	服务态度与禁忌
行为规范	1. 前发不过眉，侧发不盖耳，后发不触后衣领；长发应盘起并加戴头花 2. 保持个人卫生，男士不留胡须，女士化淡妆 3. 工作时间需着工装，工装应干净整洁，无明显污渍与褶皱；工牌佩戴于左胸，呈"一"字形 4. 着黑色皮鞋，裤装需配深色袜子，裙装需配肉色长袜	1. 处理业户诉求，对业户提出的意见与建议进行记录，并跟进整改情况，及时回复业户 2. 负责现场品质监督，做好公共设施和环境卫生的巡查，发现问题，及时协调整改 3. 负责业户资料信息的收集、整理及更新 4. 与业户进行有效沟通，建立良好的客户关系 5. 组织开展小区社区文化活动，提高业户满意度 6. 负责辖区内各项费用的催收、收取工作 7. 完成领导分派的其他工作	**服务态度：** 1. 接待业主（用户）要亲切、热情、有耐心 2. 对业主（用户）诉求积极跟进 3. 对待业主（用户）一视同仁 **服务禁忌：** 1. 主观猜测、臆断 2. 态度或言语冷漠 3. 随意承诺能力以外的事情或结果 4. 敷衍了事，消极被动，发牢骚，传播负面消息 5. 遇到问题隐瞒不报 6. 对业主（用户）提出的问题不认真对待，不及时解决，不记录处理结果 7. 向业主（用户）或外来人员泄露公司或业主（用户）资料 8. 不按工作要求跟进事件处理情况，不及时整理各类资料并归档
工作要求	1. 熟悉：①小区地址、占地面积、建筑面积、容积率、总户数、停车位个数、建筑类型等小区概况；②住宅及商铺物业服务费、车位服务费、取暖费等收费标准；③教育配套、商业配套、医疗配套、公共娱乐设施配套、安防配套、周边交通配套等情况；④客服中心、社区、派出所、燃气公司、自来水公司、电力公司、热力公司等的联系电话 2. 熟悉所辖区域业户的情况，定期沟通拜访，加强互动 3. 熟悉客服部各类业务流程及各类协调工作 4. 所辖区域相关费用收缴率达标 5. 处理问题迅速、及时，态度诚恳，严守规矩		
职业安全			
常见问题	参考各项目"答客问"（略）		
备注			

【范本1-02】▶▶▶--

收费员岗位规范

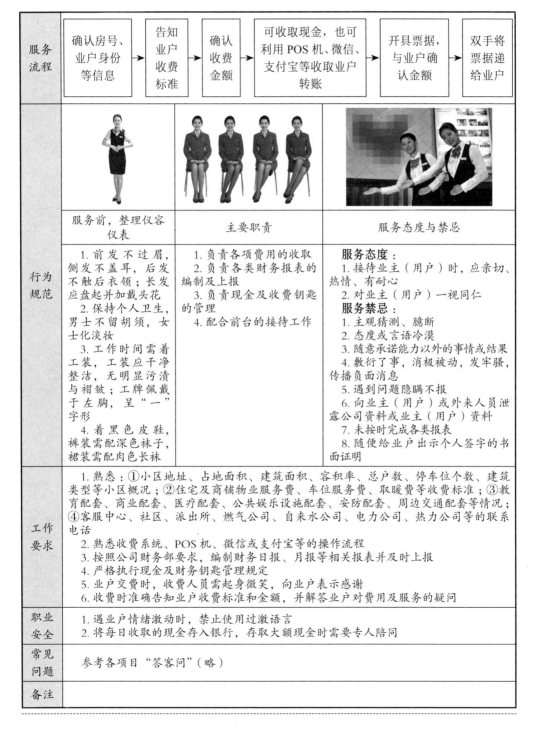

服务流程	确认房号、业户身份等信息 → 告知业户收费标准 → 确认收费金额 → 可收取现金，也可利用POS机、微信、支付宝等收取业户转账 → 开具票据，与业户确认金额 → 双手将票据递给业户		
行为规范	服务前，整理仪容仪表	主要职责	服务态度与禁忌
	1. 前发不过眉，侧发不盖耳，后发不触后衣领；长发应盘起并加戴头花 2. 保持个人卫生，男士不留胡须，女士化淡妆 3. 工作时间需着工装，工装应干净整洁，无明显污渍与褶皱；工牌佩戴于左胸，呈"一"字形 4. 着黑色皮鞋，裤装需配深色袜子，裙装需配肉色长袜	1. 负责各项费用的收取 2. 负责各类财务报表的编制及上报 3. 负责现金及收费钥匙的管理 4. 配合前台的接待工作	服务态度： 1. 接待业主（用户）时，应亲切、热情、有耐心 2. 对业主（用户）一视同仁 服务禁忌： 1. 主观猜测、臆断 2. 态度或言语冷漠 3. 随意承诺能力以外的事情或结果 4. 敷衍了事，消极被动，发牢骚，传播负面消息 5. 遇到问题隐瞒不报 6. 向业主（用户）或外来人员泄露公司资料或业主（用户）资料 7. 未按时完成各类报表 8. 随便给业户出示个人签字的书面证明
工作要求	1. 熟悉：①小区地址、占地面积、建筑面积、容积率、总户数、停车位个数、建筑类型等小区概况；②住宅及商铺物业服务费、车位服务费、取暖费等收费标准；③教育配套、商业配套、医疗配套、公共娱乐设施配套、安防配套、周边交通配套等情况；④客服中心、社区、派出所、燃气公司、自来水公司、电力公司、热力公司等的联系电话 2. 熟悉收费系统、POS机、微信或支付宝等的操作流程 3. 按照公司财务部要求，编制财务日报、月报等相关报表并及时上报 4. 严格执行现金及财务钥匙管理规定 5. 业户交费时，收费人员需起身微笑，向业户表示感谢 6. 收费时准确告知业户收费标准和金额，并解答业户对费用及服务的疑问		
职业安全	1. 遇业户情绪激动时，禁止使用过激语言 2. 将每日收取的现金存入银行，存取大额现金时需要专人陪同		
常见问题	参考各项目"答客问"（略）		
备注			

【范本 1-03】▶▶▶ --

前台接待岗位规范

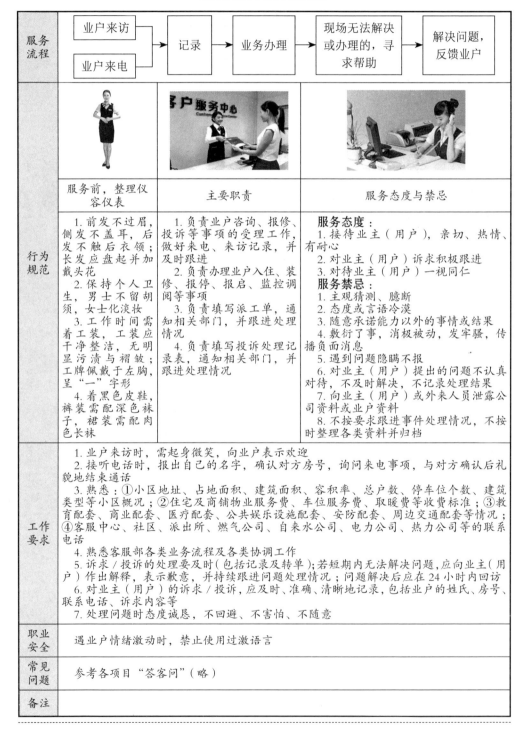

服务流程	业户来访 → 业户来电 → 记录 → 业务办理 → 现场无法解决或办理的，寻求帮助 → 解决问题，反馈业户		
行为规范	服务前，整理仪容仪表	主要职责	服务态度与禁忌
	1. 前发不过眉，侧发不盖耳，后发不触后衣领；长发应盘起并加戴头花 2. 保持个人卫生，男士不留胡须，女士化淡妆 3. 工作时间需着工装，工装应干净整洁，无明显污渍与褶皱；工牌佩戴于左胸，呈"一"字形 4. 着黑色皮鞋，裤装需配深色袜子，裙装需配肉色长袜	1. 负责业户咨询、报修、投诉等事项的受理工作，做好来电、来访记录，并及时跟进 2. 负责办理业户入住、装修、报停、报启、监控调阅等事项 3. 负责填写派工单，通知相关部门，并跟进处理情况 4. 负责填写投诉处理记录表，通知相关部门，并跟进处理情况	**服务态度：** 1. 接待业主（用户），亲切、热情、有耐心 2. 对业主（用户）诉求积极跟进 3. 对待业主（用户）一视同仁 **服务禁忌：** 1. 主观猜测、臆断 2. 态度或言语冷漠 3. 随意承诺能力以外的事情或结果 4. 敷衍了事，消极被动，发牢骚，传播负面消息 5. 遇到问题隐瞒不报 6. 对业主（用户）提出的问题不认真对待，不及时解决，不记录处理结果 7. 向业主（用户）或外来人员泄露公司资料或业户资料 8. 不按要求跟进事件处理情况，不按时整理各类资料并归档
工作要求	1. 业户来访时，需起身微笑，向业户表示欢迎 2. 接听电话时，报出自己的名字，确认对方号码，询问来电事项，与对方确认后礼貌地结束通话 3. 熟悉：①小区地址、占地面积、建筑面积、容积率、总户数、停车位个数、建筑类型等小区概况；②住宅及商铺物业服务费、车位服务费、取暖费等收费标准；③教育配套、商业配套、医疗配套、公共娱乐设施配套、安防配套、周边交通配套等情况；④客服中心、社区、派出所、燃气公司、自来水公司、电力公司、热力公司等的联系电话 4. 熟悉客服部各类业务流程及各类协调工作 5. 诉求／投诉的处理要及时（包括记录及转单）；若短期内无法解决问题，应向业主（用户）作出解释，表示歉意，并持续跟进问题处理情况；问题解决后应在24小时内回访 6. 对业主（用户）的诉求／投诉，应及时、准确、清晰地记录，包括业户的姓氏、房号、联系电话、诉求内容等 7. 处理问题时态度诚恳，不回避、不害怕、不随意		
职业安全	遇业户情绪激动时，禁止使用过激语言		
常见问题	参考各项目"答客问"（略）		
备注			

【范本1-04】▶▶▶--

辖区巡查规范

服务流程	日常巡查 → 记录 → 跟进处理		
行为规范	服务前，整理仪容仪表	主要职责	服务态度与禁忌
	1. 前发不过眉，侧发不盖耳，后发不触后衣领；长发应盘起并加戴头花 2. 保持个人卫生，男士不留胡须，女士化淡妆 3. 工作时间需着工装，工装应干净整洁，无明显污渍与褶皱；工牌佩戴于左胸，呈"一"字形 4. 着黑色皮鞋，裤装需配深色袜子，裙装需配肉色长袜	1. 路遇业主（用户）时，侧身让路，并礼貌问好 2. 乘坐电梯时遵循先出后进的原则，并及时帮助业主（用户）开门 3. 走路或走楼梯时保持靠右行进	**服务态度**： 对待业户，亲切、热情、有耐心 **服务禁忌**： 1. 态度或言语冷漠 2. 随意承诺能力以外的事情或结果 3. 顶撞业主（用户） 4. 巡查中打闹嬉戏，不注意自身形象
工作要求	1. 每日对辖区进行不少于一次的巡查，巡查内容及标准参看巡查记录表 2. 每月对空置房进行一次巡查（供暖期每月巡查两次） 3. 将巡查中发现的问题及时填写派工单，转交相关部门处理，并跟进处理情况		
职业安全	遇业户情绪激动时，禁止使用过激语言		
常见问题	1. 巡查中注意辖区卫生、设施设备等情况 2. 巡查中遇到业主，应注意礼让并微笑问好		
备注			

【范本1-05】▶▶▶--

物资放行规范

服务流程	核对业户资料及费用交纳情况 → 协助业户填写携物出门单 → 签字确认，并将携物出门单下半联递交业户 → 通知秩维门岗 → 门岗签字放行，回收携物出门单并交回客服中心存档

行为规范	起身相迎	办理业务	起身相送
	见到业户时，客服人员需起身微笑、礼貌问好，表示欢迎	办理业务时，客服人员应亲切、热情、耐心地提供服务，全程使用礼貌用语	业务办理完成后，客服人员需双手将票据递交业户，并使用礼貌用语，起身微笑目送

工作要求	1. 办理物品放行手续时，必须核实业主（用户）身份，查看是否欠费。如是业主（用户）本人，可提醒业主（用户）交纳拖欠的费用。如非业主（用户）本人，应电话联系业主（用户）进行确认（有欠费的，需要确认费用交纳情况），并将核实情况及结果填写在携物出门单备注栏中 2. 协助业户填写携物出门单，包括申请人姓名、运输车辆号牌、搬出物品及数量等 3. 手续办理完成后，告知业户下一流程，微笑目送业户离开，并使用对讲机通知门岗 4. 业户搬出物品后，及时收回携物出门单的下半联，并与上半联一起备案存档

职业安全	1. 请业户或委托人认真填写并核对携物出门单，尤其注意物品类别、数量等内容 2. 租户办理物品搬运手续时，首先查看其有无拖欠费用，同时联系业主（用户）进行确认

常见问题	

备注	

【范本1-06】▶▶▶

装修管理规范

服务流程	业主（用户）提供相关证件、资料 → 验收资料 → 协助业户填写装修申请表单 → 装修审批 → 办理施工人员出入证 → 装修巡查 → 装修验收 → 装修资料归档

行为规范	起身相迎	办理业务	起身相送
	客服人员见到业户时，需起身微笑、礼貌问好，表示欢迎	办理业务时，客服人员需亲切、热情、耐心地提供服务，全程使用礼貌用语	业务办理完成后，客服人员需双手将资料递交业户，并使用礼貌用语，起身微笑目送业户离开

工作要求	1. 客服人员需先确认业主（用户）身份，然后向业户及装修负责人详细介绍装修需提供的资料,如业主（用户）本人身份证(非业主需要提供业主委托书及代理人身份证)、装修单位营业执照复印件、装修施工设计图（平面设计图、单元立面图、空调安装图、电力照明设计及用量图、给排水设计图等）及技术资料；较大商铺施工时，还需提供消防部门的审批文件等 2. 提供装修申请表单，并帮助业主（用户）填写装修申请表、装修许可证、消防安全责任书等，同时向业户说明装修期间的注意事项 3. 将装修申请表及相关资料交客服部、维修部、秩维部及项目部负责人审批签字后，发放装修许可证、出入证，允许装修工人入场装修 4. 熟悉装修巡查内容（如装修垃圾处置、工人是否办理出入证、是否按规定配备灭火器等），按要求频次进行装修巡查，并详细填写装修巡查记录表 5. 对于装修巡查中发现的问题，及时提醒业户或施工人员整改；无法立即整改的，发放整改通知书，限期整改（必要时可要求停止施工） 6. 装修验收完毕，经维修部验收合格签字后，方可为业户办理装修保证金退款 7. 及时整理装修资料并归档
注意事项	提醒业主（用户），装修备案期限最长不得超过3个月；如装修时间超过3个月，应在3个月期满后到客服中心办理延期手续
常见问题	参考各项目"答客问"（略）
备注	

【范本 1-07】▶▶▶ --

业主（用户）访谈规范

服务流程	入户拜访或电话访谈 → 记录 → 解决业户提出的问题 → 无法解决的，寻求其他人员的帮助 → 解决问题，反馈业户

行为规范	礼貌问候	进行访谈	告别致谢
	拨打电话或上门访谈时，应使用礼貌用语，并表明此次来访的意图	在访谈中，客服人员需仔细聆听，并及时回答业主（用户）提出的问题。当场不能解决的，需要记录下来，待访谈后及时安排相关人员处理，并向业户反馈相关信息	访谈结束后，需向业户致谢

工作要求	1. 根据项目部年度／月度业户访谈计划，开展访谈工作 2. 业户新入住的，应在其入住一周内进行访谈，并向业户介绍小区及周边配套情况，了解业户的需求及意见 3. 访谈时虚心听取业户的意见及建议，并做好记录 4. 跟进业户问题的解决进度，及时向业户反馈

注意事项	1. 及时收集业户个性化信息，如爱好、性格特点、家庭情况等，为后期服务提供参考依据 2. 遇业户情绪激动时，禁止使用过激语言 3. 电话访谈时，注意使用礼貌用语，并表明致电意图 4. 如入户拜访，应礼貌敲门或按门铃；业户开门后，要微笑说明来意；得到允许后，方可进入业户家中，并穿鞋套 5. 新到岗的客服人员应先参与业户访谈，掌握访谈的技巧后再独立进行访谈 6. 对辖区内的特殊人员，应增加访谈频次，重点关注

备注	

【范本1-08】▶▶▶

业主（用户）入住手续办理规范

服务流程	确认业户个人信息 → 指导业户填写个人资料 → 签订相关协议，办理门卡等 → 建立业户资料档案并存档		
行为规范			
	起身相迎	办理业务	起身相送
	客服人员见到业户时，需起身微笑，向业户表示欢迎	办理业务时，客服人员需亲切、热情、耐心地提供服务，全程使用礼貌用语	业务办理完，需双手将资料递送给业户，并使用礼貌用语，起身微笑目送业户
工作要求	1. 熟悉：①小区地址、占地面积、建筑面积、容积率、总户数、停车位个数、建筑类型等小区概况；②住宅及商铺物业服务费、车位服务费、取暖费等收费标准；③教育配套、商业配套、医疗配套、公共娱乐设施配套、安防配套、周边交通配套等情况；④客服中心、社区、派出所、燃气公司、自来水公司、电力公司、热力公司等的联系电话 2. 业户来访时，需起身微笑，向业户表示欢迎 3. 确认业户信息（房号、业户姓名、身份证号码等），指导业户填写资料、办理门卡等 4. 办理完毕，起身向业户告别，微笑目送业户离开 5. 更新该业户的纸质版及电子版信息，并传递给相关部门		
注意事项	办理业户入住手续前，客服人员首先要确认业户各项费用的交纳情况		
备注			

【范本1-09】▶▶▶---

费用催收规范

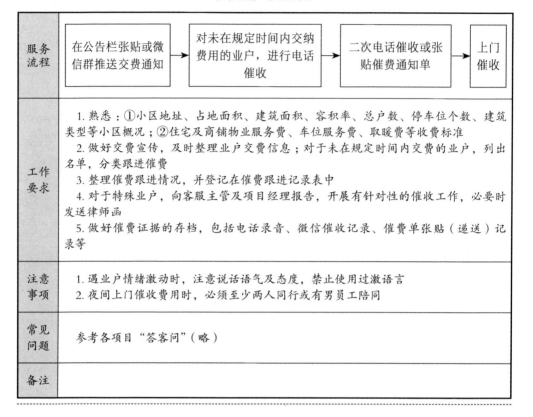

服务流程	在公告栏张贴或微信群推送交费通知 → 对未在规定时间内交纳费用的业户，进行电话催收 → 二次电话催收或张贴催费通知单 → 上门催收
工作要求	1. 熟悉：①小区地址、占地面积、建筑面积、容积率、总户数、停车位个数、建筑类型等小区概况；②住宅及商铺物业服务费、车位服务费、取暖费等收费标准 2. 做好交费宣传，及时整理业户交费信息；对于未在规定时间内交费的业户，列出名单，分类跟进催费 3. 整理催费跟进情况，并登记在催费跟进记录表中 4. 对于特殊业户，向客服主管及项目经理报告，开展有针对性的催收工作，必要时发送律师函 5. 做好催费证据的存档，包括电话录音、微信催收记录、催费单张贴（递送）记录等
注意事项	1. 遇业户情绪激动时，注意说话语气及态度，禁止使用过激语言 2. 夜间上门催收费用时，必须至少两人同行或有男员工陪同
常见问题	参考各项目"答客问"（略）
备注	

第三节　客服人员礼仪要求

物业管理属于服务行业，为业主提供服务是物业公司的主要经营活动。因此在与业主打交道时，注重礼仪、讲究礼节非常重要。

一、仪容礼仪

仪容通常是指人的外观、外貌。在人际交往中，每个人的仪容都会引起对方的特别关注。仪容的修饰包括头发、面容等暴露在服装之外的部分，要兼具自然美与修饰美，进而达到内在美与外在美的自然融合。

1. 发式要求

头发整洁、发型大方是对发式的最基本要求。作为客服人员，乌黑亮丽的头发、端庄得体的发型，能给业主留下美的印象，并反映出员工的精神风貌和健康状况，如图 1-4 所示。

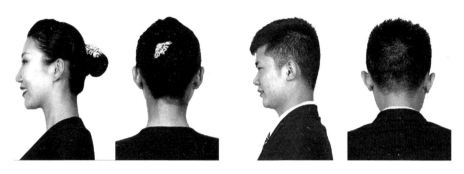

图 1-4　客服人员发型示范

（1）头发必须常洗，并保持整洁，发式应朴素大方。

（2）女员工留长发的，应整齐地梳成发髻，用黑色发卡或简单的头饰装饰。留短发的，头发应梳理整齐；必要时，可用灰黑色发箍或发带束发。

（3）男员工头发的发梢不得超过衣领，鬓角不允许盖过耳朵，不得留大鬓角，不得留胡须。

2. 面部的修饰

客服人员与业主打交道，面部的卫生与修饰非常重要，整洁干净、健康红润的面部会给对方留下良好的印象，也会为双方的沟通创造良好的开端。

男员工的面部以干净、自然为基调。一般情况下，不要留胡须，如果要留，一定要修理成形。坚持每天早上剃须、修面。注意修剪鼻毛，切忌让鼻毛露出鼻腔。

女员工上班应化淡妆（包括腮红、眼影、眉毛、口红以及粉底等），不得浓妆艳抹。嘴唇主要涂唇膏（口红），以表现口唇的红润。口红以红色为主，不准用深褐色、银色等异色。

3. 指甲的修饰

（1）指甲要经常修剪，指甲缝中不能留有污垢，指甲的长度不应超过手指指尖。注意不要在公众场所剪指甲，这是失礼的表现。

（2）女员工的指甲只允许使用无色的指甲油。

4. 首饰的佩戴

（1）可戴一块手表，但颜色必须朴素大方，不可过于鲜艳。

（2）可戴一枚结婚戒指。

（3）可戴一对钉扣型耳环，式样或颜色不可夸张；不准佩戴吊式耳环。

（4）可以戴项链，但不得显露出来；工作用笔应放在外衣的内口袋里。

二、着装礼仪

服饰本身就是一种礼仪，它与人们所扮演的社会角色和所从事的社会活动密切相关。客服人员应统一着正式工作服装——制服。制服的穿着必须符合物业公司的相关规定，如图1-5所示。

图1-5　客服人员的统一制服

（1）除有特殊规定外，上班时间必须穿着制服。

（2）制服必须整洁、平整，按制服设计要求系上纽扣，挂上挂钩，无松脱和掉扣现象。

（3）爱护制服，使之干净、无污迹、无破损及补丁。

（4）工作期间，应将洁净的工牌端正地佩戴在左胸前。

（5）应按规定穿工作鞋，特殊情况需穿着非工作鞋时，应穿和制服颜色相称的皮鞋；不得穿凉鞋、拖鞋上班。

三、举止礼仪

举止礼仪是人的另一张名片，是一种无声的语言，它反映了一个人的气质风度、礼貌修养。

1. 站姿

（1）要求：自然、优美、挺拔。

（2）要领：站立时身体要端正、挺拔，重心放在两脚中间，挺胸、收腹，肩膀要平，两眼自然平视，嘴微闭，面带笑容。平时双手交叉放在体后；与业主谈话时应上前一步，双手交叉放在体前。

（3）女员工站立时，双脚应呈"V"字形，双膝与脚后跟均应靠紧。男员工站立时，双脚可以呈"V"字形，也可以打开与肩同宽，但注意不能宽于肩膀。站立时间过长感到疲劳时，可一只脚向后稍移一步，呈休息状态，但上身仍应保持笔直，如图 1-6 所示。

图 1-6 客服人员的站姿

💡 **请牢记：**
　　客服人员在服务过程中，应做到举止大方，不卑不亢，优雅自然。站立时不得东倒西歪、歪脖、斜肩、弓背、叉腿等，双手不得抱在胸口或插入口袋，不得靠墙或斜倚在其他支撑物上。

2. 坐姿

在接待业主时，客服人员的坐姿如图 1-7 所示。

坐姿要端正稳重，切忌前俯后仰、半坐半躺、晃腿或抖腿、以手托头伏在桌子上。女性切忌两腿分开或两脚呈八字形；男士双腿可略微分开，但不要超过肩宽。若需侧身说话，不可只转头部，应上体与腿同时转动面向对方。

图 1-7 客服人员的坐姿

3. 走姿

客服人员的走姿如图 1-8 所示。

图 1-8 客服人员的走姿

（1）要求：自然大方、充满活力、神采奕奕。

（2）要领：行走时身体可稍向前倾，昂首、挺胸、收腹，上体要挺直，双目平视，嘴微闭，面露笑容，肩部放松，两臂自然下垂摆动，前后幅度约45°。

（3）行走时一般靠右侧，不可走在路中间。行走时如遇业主，应自然注视对方，点头示意并主动让路，不可抢道而行；如有急事需超越时，应先向业主致歉，再加快步伐超越，动作不可过猛；在路面较窄的地方遇到业主时，应将身体正面转向业主；在宾客面前引导时，应尽量走在宾客的左前方。

请牢记：

行走时不能呈现"内八字"或"外八字"，不应摇头晃脑、左顾右盼、手插口袋、吹口哨或与他人勾肩搭背。

4. 蹲姿

拾取低处物品时，不能只弯上身、翘臀部，应采取正确的蹲姿。下蹲时两腿紧靠，左脚掌基本着地，小腿大致垂直于地面，右脚脚跟提起，脚尖着地，微微屈膝，降低身体重心，直腰拾取物品，如图1-9所示。

图1-9　客服人员的蹲姿

5. 手势

（1）要求：优雅、含蓄、彬彬有礼。

（2）要领：在接待、引路、向业主介绍信息时，要使用正确的手势，五指并拢伸直，掌心不可凹陷（女士可稍稍压低食指）；掌心向上，以肘关节为轴；眼望目标方向，同时注意对方是否明白所指引的目标，如图 1-10 所示。

图 1-10　指引时的手势

 请牢记：

　　客服人员不得用手指或拿着笔等物品为他人指示方向，不得用手指或笔等物品指向他人，也不可用食指指指点点，而应采用掌式。

 相关链接‹······

客服人员举止注意事项

　　（1）注意举止与形象，上班时不得哼歌曲、吹口哨、跺脚，不得大声说话、喊叫，不得乱丢乱碰物品、发出不必要的声响，不得随地吐痰、乱扔杂物。

　　（2）整理个人衣物时应到洗手间或是指定区域，不得当众整理个人衣物或化妆；咳嗽、打喷嚏时应转身向后，并说对不起；不得当众剔牙，确实需要时，应背转身用一只手遮住口腔。

（3）主动与业主打招呼，以表示对业主的尊重；客服人员在工作、打电话或与人交谈时，如有其他业主走近，应立即打招呼或点头示意，不准毫无表示或装作没看见。

（4）不要当着业主的面经常看手表。

四、表情礼仪

表情是人体语言中最为丰富的部分，是人们内心情绪的反映。人们通过喜、怒、哀、乐等来表达内心的感情。在人际交往时，表情起着重要的作用。优雅的表情，可以给人留下深刻的印象。

1. 目光

目光是面部表情的核心。在与人交谈时，眼睛注视着对方，才能表现出诚恳与尊重。冷漠的、呆滞的、疲倦的、轻视的、左顾右盼的目光都是不礼貌的。切不可盯人太久或反复上下打量，更不可以对人挤眉弄眼或用白眼、斜眼看人。

（1）注视的部位。注视范围应上至对方额头，下至对方衬衣的第二粒纽扣，左右以对方两肩为准。一般有图 1-11 所示的三种注视方式。

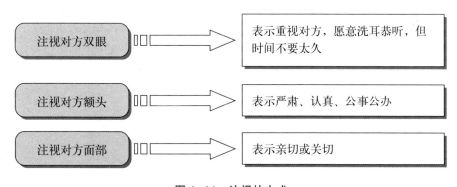

注视对方双眼	→	表示重视对方，愿意洗耳恭听，但时间不要太久
注视对方额头	→	表示严肃、认真、公事公办
注视对方面部	→	表示亲切或关切

图 1-11　注视的方式

请牢记：

随意打量对方任意部位，表示轻视或怀疑对方。当对方沉默无语时，最好移开自己的目光，以免对方紧张尴尬。

（2）注视的时间。注视时间应为整个谈话时间的 1/3 ～ 2/3。目光注视时间太少，表示冷落、轻视或反感；过久地注视对方，特别对异性和初识者上下打量，是不礼貌的。

2. 笑容

笑有微笑、大笑、冷笑、嘲笑等许多种，不同的笑表达了不同的感情。微笑是对人的尊重、理解和友善。与人交往时面带微笑，可以使对方感到亲切、热情和尊重，同时也容易得到别人的理解和友谊。

微笑的美在于文雅、适度、亲切自然。微笑要诚恳和发自内心，做到"诚于中而形于外"，切不可强装笑颜、假意奉承。

一般来说，人与人沟通时应做到"微笑三结合"，具体如图 1-12、图 1-13 所示。

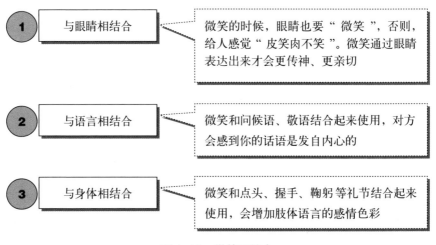

1	与眼睛相结合	微笑的时候，眼睛也要"微笑"，否则，给人感觉"皮笑肉不笑"。微笑通过眼睛表达出来才会更传神、更亲切
2	与语言相结合	微笑和问候语、敬语结合起来使用，对方会感到你的话语是发自内心的
3	与身体相结合	微笑和点头、握手、鞠躬等礼节结合起来使用，会增加肢体语言的感情色彩

图 1-12　微笑三结合

图 1-13　客服人员展现的微笑

相关链接

微笑的力量

微笑是自信的表现，表明对自己的魅力和能力抱有积极的态度。微笑能有效缩短双方的距离，给对方留下美好的印象，从而形成融洽的氛围。在不同的场合面对不同的情况，如果能够始终保持微笑，可以展现出良好的修养和挚诚的感情。

1. 微笑能表现出真挚友善的态度

微笑能起到增进友情、推动沟通、愉悦心情的作用。微笑应发自内心，融入情感，表里如一。不能是虚情假意、假模假样、机械式的笑容。也不能是冷笑、傻笑、干笑、苦笑、皮笑肉不笑。自然大方、真实亲切和不加修饰的微笑才具有感染力。

2. 微笑能表现出良好的个人修养

微笑能让人愉快舒心，能起到正面和良性的影响，它告诉对方你是善意的使者，是能信赖、能依靠的对象。在人际交往中，切忌表情冷漠或瞪眼皱眉，这样会使对方十分难堪。

3. 微笑是人际交往的润滑剂

微笑是消除芥蒂、化解矛盾、缓解压力、慰藉他人、广交朋友的有效方式。见面时握手、问候、交换名片以及交谈都应面带微笑。

五、言谈礼仪

言谈礼仪是由言语、体态和聆听等构成的沟通方式，是双方知识、阅历、教养、才智和应变能力的综合体现。

1. 言谈的基本要求

（1）声音要自然、清晰、柔和、亲切，不要装腔作势。

（2）声调要有高有低，符合交谈的内容，不得让人感到冷漠和不在意。

（3）声音不要过高或过低，以对方能听清楚为宜。

（4）交谈时如有三人或三人以上，要使用互相都能听得懂的语言。

（5）不准讲粗话，不得使用蔑视和侮辱性的语言，不得模仿他人的语言声调。

（6）不讲过分的玩笑，不得以任何借口顶撞、讽刺和挖苦对方。

2. 常用对客服务语言

（1）遇到业主要面带微笑，站立服务。物业人员应主动打招呼，称呼要得当，问候语要简单、亲切。对于熟悉的业主，要称呼姓氏。

（2）与业主对话时宜保持1米左右的距离，要注意使用礼貌用语。

（3）要全神贯注、用心倾听业主说话，眼睛要平视业主的面部，不要打断业主的谈话，不要有任何不耐烦的表示。如果有没听清楚的地方，要礼貌地请业主重复一遍。

（4）当业主有需求时，不要有厌烦、冷漠、无关痛痒的神态，应表现出积极、热情的态度。

 相关链接···

常用服务语言

1. 你好！（您好！）

2. 上午好／下午好／晚上好！××物业客户服务中心，我姓×，请问有什么可以帮助您？

3. 谢谢！对不起！不客气！再见！请稍等！

4. 是的，×先生／小姐。

5. 请问您找谁？请问有什么可以帮助您的吗？

6. 请您不要着急！

7. 我马上与××部门××先生／小姐联系，然后答复您。

8. 请留下您的电话号码和姓名，好吗？

9. 我们会为您提供帮助！

10. 请您填好"投诉单"！

11. 谢谢您的批评指正！

12. 这是我们应该做的！

13. 感谢您的来电！

14. 对不起，打扰了！

15. 对于您反映的问题我们会马上处理，并尽快给您回复，好吗？

3. 不同情况下的礼貌用语

不同情况下的礼貌用语如表 1-3 所示。

表 1-3　不同情况下的礼貌用语

序号	用语	详细说明
1	接听电话时	"您好" "您好，物业管理处" "请问您贵姓" "请问有什么可以帮您的吗" "对不起，先生，您刚才讲的问题我没听清楚，请您重述一遍好吗" "先生，您还有别的事吗" "对不起，先生，我把您刚才说的再复述一遍，看妥不妥当" "您能听清楚吗" "对不起，他不在，有什么事情需要我转告他吗" "谢谢您，再见"
2	打出电话时	"先生，您好，我是 ×× 物业管理处的 ××……" "您能替我转告他吗" "谢谢您，再见"
3	业主电话投诉时	"请告诉我详情，好吗" "对不起，先生。我立即处理这个问题，大约在 ××（时间）给您答复。请问怎样与您联系" "您放心，我们会立即采取措施，使您满意" "很抱歉，给您添麻烦了" "谢谢您的意见"
4	业主来访投诉时	"先生，您好！请问我能帮您什么忙吗" "先生，请问您贵姓" "您能把详细情况告诉我吗" "对不起，给您添麻烦了" "对不起，先生，您反映的问题由于某种原因暂时无法解决，我会把您的情况向物业管理处领导反映，尽快给您一个满意的答复" "对不起，让您久等了。我会马上把您的意见反馈到有关部门，大约在 ××（时间）给您一个答复，请您放心" "谢谢您的意见"
5	业主报修时	"您好，服务中心。请问您家哪里需要维修" "您可以留下您的姓名和联络电话，以便维修人员联系您" "谢谢您的合作，我们尽快派人为您维修，大约在 10 分钟内给您答复"

序号	用语	详细说明
6	业主交费时	"先生，您好！请问您是来交管理费的吗？请问您的房号" "您本月应交管理费××元、电费××元、维修费××元" "收您××元，找您××元" "这是您的发票，请保管好" "谢谢您，再见"
7	业主电话咨询管理费时	"先生，您好！请问有什么可以帮您的吗" "请稍等，我帮您查一下" "您×月份的管理费××元、电费××元、维修费××元、仓库租金××元，共计××元，您打算来交款吗"
8	催收管理费时	"您×月份的管理费还没有交。我们于×日已经发出收款通知，想必您已经收到了。现在再提醒您一下，按照管理公约，管理费应在当月××日之前交纳，逾期物业管理处将按×%计收滞纳金"

4. 服务忌语

为业主提供最优质的服务、令业主满意，是每一位客服人员的职责。但有的时候，客服人员在与业主沟通时，由于说了一些禁忌语，结果不但没让业主满意，反而起到了反作用。因此，客服人员应杜绝以下服务忌语出现在工作中。

（1）喂！

（2）不知道。

（3）墙上贴着，没长眼睛呀！

（4）急什么，烦死人了！

（5）急什么，没看到我在忙吗？

（6）哪个？他不在！

（7）要下班了，有事明天再来！

（8）不舒服，你别来了。

（9）快点，说完了没有？

（10）就这么说，怎么样？

（11）有本事你去告！

（12）喊什么，等一下！

（13）讲了半天，你还没听懂？

（14）出去，今天不办公。

（15）你问我，我问谁？

（16）我不管，该找谁就去找谁！

（17）我说不能办就不能办！

（18）你怎么这么麻烦？

（19）这个事儿我处理不了。

（20）我正在忙呢，你找他吧。

（21）你说话清楚点。

（22）你真烦，等一会吧！我在忙。

（23）你找谁呀？再说一遍，我没听清楚。

（24）都下班了，你不知道呀？

（25）急什么？

（26）你看清楚再问！

（27）墙上有，你自己看看就行了。

（28）你找谁，没这个人！

（29）渴了自己倒水，那有杯子。

（30）你自己都不知道，我怎么知道！

学习笔记

通过学习本章内容，想必您已经有了不少学习心得，请详细记录下来，以便后续巩固学习。如果您在学习中遇到了一些难点，也请如实记下来，以便今后进一步学习，彻底解决这些问题。

我的学习心得：

1. _____
   _____
2. _____
   _____
3. _____
   _____
4. _____
   _____
5. _____
   _____

我的学习难点：

1. _____
   _____
2. _____
   _____
3. _____
   _____
4. _____
   _____
5. _____
   _____

第二章
Chapter two

物业入住期客户服务

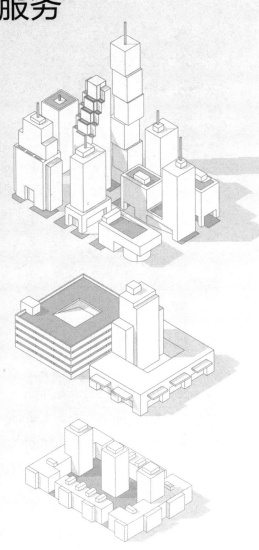

>>>>> **章前指引**

　　物业入住期客户服务是物业管理中至关重要的一环，它涵盖了业主入住前及入住后的一系列服务，旨在确保业主顺利融入新的居住环境，并为业主提供良好的居住体验和后续支持。因此，物业管理处要督促各级人员做好这项工作，提高业主的入住满意度。

第一节　业主入住服务

　　对于业主而言，入住包括两个方面的内容，一是物业验收及入住手续的办理；二是物业管理有关事宜的办理。客服人员应全力做好这项工作，提高业主的入住满意度。

一、入住前的准备工作

　　集中入住期指业主集中办理现场收楼、验房、入住等手续的工作时期。在此期间，物业客服人员的主要工作是为业主办理各项入住手续，并与开发商共同解决业主提出的问题。

　　当物业管理处的验收与接管工作完成以后，物业即满足了入住条件，物业管理处应按程序为业主办理入住手续。物业管理处应根据物业管理方案做好以下准备工作。

1. 与开发商沟通

　　物业客服人员应以书面形式详细列出业主办理入住手续时需携带的资料、需交纳的费用以及相关的流程等，并提供给开发商，以便开发商通知业主。另外，还要与开发商就业主可能提出的问题进行充分沟通并达成共识。

　　物业客服人员应根据以往的工作经验主动向开发商提出建议与意见；同时就业主入住的相关事宜与开发商达成一致，如入住的仪式、场地布置、指示牌放置、背景音乐选择等。

2. 协调工作

与物业管理行政主管部门、物价局、供电局、自来水公司、供热公司、液化气公司、有线电视等单位提前沟通，确保业主入住后水电气等供应正常，为业主消除后顾之忧。

3. 准备入住资料

根据物业的实际情况及物业服务的标准，制定相关的规范、制度、文件、表格等资料，如表2-1所示，并交给业主，以便他们知晓具体内容。这样有利于物业管理处与业主、开发商之间相互了解、相互支持，从而为进一步的物业管理打下基础。

表 2-1　业主入住的有关资料

序号	文件	详细说明
1	业主办理入住手续的文件	（1）入住通知书 （2）入住通知书回执 （3）入住手续书 （4）房屋验收单 （5）房屋质量整改通知书 （6）住宅使用公约
2	业主入住资料	（1）业主手册 （2）入住须知 （3）装修管理办法 （4）委托服务项目表
3	业主入住表单	（1）业主入住登记表 （2）楼宇验收交接登记表 （3）入住资料领取记录 （4）钥匙发放登记表 （5）委托服务登记表 （6）入住收费记录
4	业主入住通知书	提前一个月，以电话、短信或邮寄等方式将"入住通知书"告知业主，内容包括： （1）收楼流程 （2）收楼须知 （3）交费一览表 （4）入住手续单

续表

序号	文件	详细说明
5	接待准备工作	（1）制定集中入住接待方案，并进行合理分工 （2）准备资料袋、笔、计算器、复印纸、复印机、收据、发票、各类资料 （3）场景布置，包括摆放花篮、盆景，悬挂条幅，插放彩旗，高挂气球等，为业主营造隆重、喜庆的氛围 （4）确定入住手续办理地点，并布置好现场，尽量为业主提供宽敞的空间 （5）设置导向路标，安排引导人员，设立明显的入住手续办理流程标识

二、集中入住服务

1. 办理集中入住

业主应在开发商规定的时间内到指定地点办理入住手续，具体过程如图 2-1 所示。

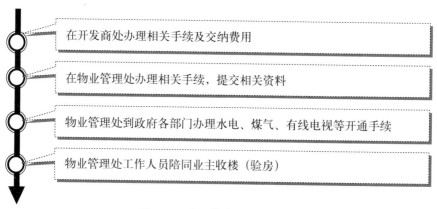

图 2-1　办理集中入住的过程

此环节中较重要的工作就是业主收楼（验房）。如果业主在验房过程中发现问题，应由物业客服人员及时与开发商沟通，在最短的时间内予以解决。

2. 入住手续办理流程

物业管理处为业主办理入住手续时，采用"一条龙"的服务方式，具体流程如图 2-2 所示。

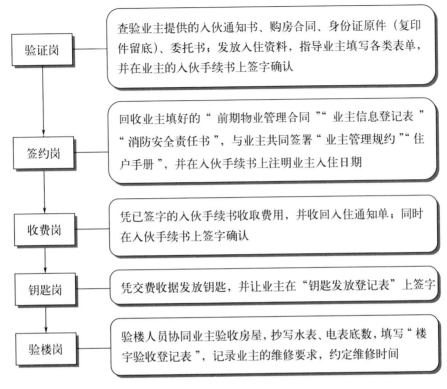

图 2-2　物业管理处入住手续办理流程

（1）入住审查登记

① 查验入住通知单并发放相关资料。物业客服人员应对业主提交的入住通知书进行查验，确认无误后在表 2-2 所示的业主入住登记表中注明，并向业主发放入住说明、住户手册、住户公约、管理协议、费用交纳标准、装修须知、装修审批表、验收交接表等资料。

表 2-2　业主入住登记表

序号	业主姓名	业主身份证号码	房屋代码	联系电话	入住费用	特别情况	备注

② 告知业主填写并提交相关资料。发放完上述资料后，应由业主在入住登记表中签字确认。在提供给业主的入住说明中，应明确由业主填写并提交的资料，包括身份证及复印件、业主登记表、购 / 租房合同的正本及复印件、已签署的业主管理规约与管理协议。

在完成这一步骤之后，物业管理处相关岗位应在入住手续书的相应栏内签字确认，可参考范本 2-01。

【范本 2-01】▸▸▸ --

入伙手续书

_____公司 / 女士 / 先生：

您好！您所认购的____座____层____单元，已具备入住条件，请您阅读入住须知，并按下列流程办理入住手续。

序号	办理部门	具体事宜	已收或已办理	意见及签章
1	验证处	审核业主的相关资料、证件		入住资料审查合格，特此证明 签名： 年　　月　　日
		领取入住手续书和资料袋		签名： 年　　月　　日
2	签约处	签约和填写相关资料		签名： 年　　月　　日
3	收费处	管理费（预收 × 个月）		已交清物业管理处有关费用，特此证明 签名： 年　　月　　日
		防盗门（××× 元 / 户）		
		装修垃圾清运费（××× 元 / 户）		
		信报箱制作费（××× 元 / 户）		
		管道燃气初装费（××× 元 / 户）		
		有线电视初装费（××× 元 / 户）		
		本体维修基金（按总房款的 ×% 一次性收取）		
		房产证契税（按总房款的 ×% 一次性收取）		
		卫生费（× 元 / 户，预收 × 个月）		

序号	办理部门	具体事宜	已收或已办理	意见及签章
4	相关单位现场办公	办理有线电视开户手续		签名： 年　　月　　日
5	客服中心	现场验房和发放钥匙		签名： 年　　月　　日
		收回入住手续书 收回楼宇验收交接登记表		签名： 年　　月　　日

×××物业管理有限公司

年　　月　　日

（2）签约

① 验证业主的资料。客服人员对业主的资料进行审核验证，验证内容包括：

——表格填写是否完整、正确和清晰。

——业主管理规约和管理协议是否签署。

——身份证明文件与购/租房合同及业主登记表是否一致。

② 签收各项资料。审查通过后，客服人员留存购房合同复印件、业主登记表（如表2-3所示）、业主管理规约、管理协议，并在入住手续书上签字确认。

表2-3　业主登记表

_____座_____层_____单元　房产证号：_____　　建筑面积：_____平方米

楼宇性质：住宅/商用

业主姓名		性别	户口所在地	身份证号码	联系电话	工作单位	照片
入住人员简况	姓名						
	性别						
	出生年月						
	户口所在地						

续表

入住人员简况	与业主关系				
	证件号码				
	常住 / 暂住				
	贴照片栏	照片	照片	照片	照片

（3）预收费用

财务部门应根据国家和政府的相关法规及开发商或业主委员会的规定，确定入住费用交纳标准。客服人员负责收取业主交纳的各项费用，并开具相应票据。

收取的费用包括管理费、装修保证金及垃圾清运费等。财务部门应制作入住费用登记表（如表 2-4 所示），业主交纳相关费用后，客服人员除在入住手续书上签字外，还应在入住费用登记表中注明。

表 2-4　入住费用登记表

序号	住址	面积	业主姓名	入住日期	交费情况			交费日期
					管理费	装修保证金	垃圾清运费	

（4）发放钥匙

上述手续完成后，客服人员查验入住登记表、已签署的管理协议及各项收费票据后，向业主发放钥匙，并在钥匙发放登记表（如表 2-5 所示）中登记，同时和业主约定验收房屋的时间和方式。

表 2-5　钥匙发放登记表

序号	房号	姓名	钥匙（把）	签名	时间	备注

（5）验收房屋

客服人员应与业主一起验收房屋，登记水表、电表、气表底数，并在楼宇验收交接登记表（如表2-6所示）上签字确认。验收过程中有需维修的事项，应由客服人员通知相关部门处理。

表2-6 楼宇验收交接登记表

特别提示：门窗玻璃、地漏、电源插座、灯泡等是否完好，请当场查验。此表填写完整后交回管理处。

房号：		业主名称：			编号：		
户型：		面积：			钥匙：		
验收项目		验收详细情况						
		客厅	餐厅	卧1	卧2	卧3	卧4	厨房	卫生间
建筑工程	顶棚								
	墙面								
	地面								
	门								
	窗								
	阳台								
电器	照明灯								
	开关								
	插座								
给排水及煤气	地漏	厨房	卫生间	洗手盆		洗衣机		前阳台	后阳台
	给水管道			排水管道					
	洗脸管道			厕所水箱					
	厕所坐便			煤气管道					
	煤气阀门			煤气表底数					
	水表底数			电表底数					
钥匙移交情况									
备注									

注：项目符合标准打"√"，不符合标准打"×"；

本表一式两份，管理处、业主各执一份。

业主签字：　　　　　　　　　　管理处验房人员签字：

　　　　　　　　　　　　　　　　　　　　　年　　月　　日

3.办理集中入住的技巧

（1）疑问解答。业主在办理入住手续的过程中，可能会有很多疑问，如房产证事宜、物业管理情况、日常费用交纳等。其中有些问题，客服人员若在前期准备工作中与开发商进行较好的沟通，可以快速地向业主作出答复。

如果有些问题没有事先准备，客服人员不要急于答复，以免产生歧义。为了应对这种情况，物业管理处和开发商一般会委派专人负责此项工作，在遇到涉及对方的问题而无法及时答复时，由双方专门负责人员快速沟通后再答复业主；双方沟通时要明确答复内容，避免产生歧义。

（2）验房发现问题的处理。根据入住手续书和入住须知，业主正式入住房屋之前，物业管理处应派人与业主一起进行房屋验收，工作要点如图2-3所示。

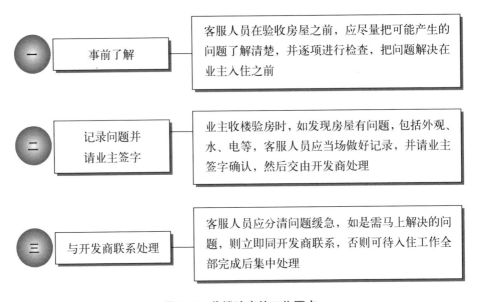

图2-3　收楼验房的工作要点

三、零散入住服务

大部分业主会在集中入住期间办理手续，但也有部分业主因为种种原因无法在规定时间内前来，因此，集中入住后还会有业主不定期地到物业管理处办理入住手续。

零散入住期间，客服人员应注意以下几个方面内容。

1. 协调办理时间、地点

业主办理入住手续时，一般情况下都会到物业管理处咨询。但按照正常程序，业主应该先到开发商处办理相关手续，然后才可到物业管理处办理后续事宜。因此，当业主没有到开发商处办理手续时，客服人员应对业主进行指导。在零散入住期间，物业管理处应与开发商协商好手续办理的时间、地点，以便于业主顺利入住。

2. 明确固定的联系人

零散入住期间，业主也会有各种各样的疑问，在验房后同样会发现很多问题，客服人员应根据所掌握的实际情况及时答复业主，若业主的问题需联系开发商才能解决，客服人员应及时和开发商沟通。

四、旧楼盘迁入服务

物业管理处的入住工作并非都是新楼入住，如果所管理的物业是旧楼盘，会面临一些新业主迁入问题。

1. 确认新业主

新业主分房主和租户两种情况，两者提交的资料不一样，具体如表 2-7 所示。

表 2-7 新业主提交的资料

序号	新业主类别	提供资料	
1	房主	产权证	产权属个人的，应提供身份证、联系电话、通信地址、房产证
			产权属公司的，应提供公司营业执照、法定代表人身份证、联系电话、通信地址、房产证
2	租户	业主授权书、租约复印件、租户承诺书、营业执照、公司负责人/法定代表人身份证复印件、租户室内大件物品放行协议书等	

2. 收集新业主信息

确认新业主后，客服人员应根据物业管理处规定及物业项目收集新业主的信息，包括：

（1）业主授权书。

（2）租户承诺书。

（3）租约复印件。

（4）公司营业执照副本复印件。

（5）公司负责人、法定代表人身份证复印件（附签名及个人联系电话）。

（6）租户资料。

（7）出租房屋防火责任人名单。

（8）出租房屋主治安责任书及租住人员治安责任书。

（9）出租房屋治安管理许可证审批表（属出租房屋范畴的）。

物业管理处在新业主入住时，应先要求其提供产权证、租约、业主授权书、营业执照等资料。确认新业主身份后，再办理其他手续，如协助新业主填写表格文件、介绍物业服务项目和主要规章制度、协助业主验收物业等。同时，要建立业主档案，妥善保管新业主各类资料，以备随时查阅。

3. 介绍各项规章制度

客服人员应详细介绍物业管理处各项规章制度，包括业主室内装修规定、大件物品放行规定、管理费收取规定、非办公时间出入登记规定、室内消防用具配置规定，以及各种表格（如物品放行条）的填写规定。

4. 介绍物业管理处的日常服务

客服人员应向新业主详细介绍物业管理处的日常服务内容。

（1）免费清洁服务，如每天一次室内清洁、每月一次室内大扫除、每季一次施药杀虫、每年一次清洗地毯、每年两次清洗空调风机尘网等。

（2）日常文件及大批量文件复印、传真服务。

（3）便民工具、便民药品提供服务。

（4）手推车借用服务。

（5）雨伞借用服务。

（6）会议室租用服务。

（7）出入证办理服务等。

5. 验房、迁入

（1）与工程部一起陪同新业主验收房屋，并将验收结果记录在业主室内设施检验记录表上。

（2）新业主确认电表读数、签收钥匙后，填写业主收楼登记表。

（3）依照新业主的入住时间,填写新业主迁入通知,并发给物业管理处各部门,以便及时提供服务。

【范本 2-02】▸▸▸--

新业主迁入通知

由:客户服务中心　　　　　　　　致:管理处各部门

_____部:

_____室_____业主于____年____月____日起正式开始入住,请各部门从____月____日____时开始提供服务。

特此通知。

客服主管签名:_____

年　　　月　　　日

第二节　二次装修服务

二次装修管理是物业管理的一个重要环节。做好物业装修管理,对于确保物业管理水平、维护业主共同利益有着重要的作用。

一、装修手续办理

1.装修申请

业主进行室内装修时,应于装修前一周向客服中心提交装修审批表以及装修方案。装修方案包括:

（1）业主室内装修申请。

（2）施工队营业执照、承建资格证书。

（3）装修平面图。

（4）装修用料,如天花板、隔墙、地面等用料。

（5）照明系统和电源布线图。

（6）给排水系统图。

（7）需要更改的部位。

（8）天花板平面设计图。

（9）各立面图。

（10）橱窗及招牌的设计图（包括字体、店徽的设计）。

（11）装修施工责任承诺书等。

2. 装修方案审批

物业管理处应在收到业主装修方案后一周内予以答复。如果方案不合规或资料不全，业主应按要求进行修改，并重新提交审批。装修施工审批表如表2-8所示。

表2-8　装修施工审批表

_____座_____层_____单元　　　　　填报时间：

<table>
<tr><td colspan="2">业主名称</td><td></td><td colspan="2">联系电话</td><td></td><td></td></tr>
<tr><td rowspan="4">施工队</td><td>公司名称</td><td></td><td colspan="2">负责人电话</td><td></td><td rowspan="2">营业执照 / 承建资格证书 / 水电工专业资格证（附后）</td></tr>
<tr><td>管工姓名</td><td></td><td colspan="2">联系电话</td><td></td></tr>
<tr><td>施工人数</td><td></td><td colspan="3">施工人员（含管工）身份证复印件及照片（附后）</td><td></td></tr>
<tr><td>工程预算</td><td></td><td colspan="2">施工时限</td><td></td><td></td></tr>
<tr><td colspan="4">装修内容
（包括装修项目、范围、标准、时间、施工图纸等）</td><td colspan="3">审核意见</td></tr>
<tr><td colspan="4"></td><td colspan="3">审核人：

　　　　年　　月　　日</td></tr>
<tr><td colspan="7">本住户和施工队保证，装修内容不超过以上范围、标准，并按期完成，严格遵守建筑装饰装修管理规定

　　　　住户签名：　　　　　　　　施工队负责人签名：</td></tr>
<tr><td colspan="2">业主装修保证金</td><td></td><td colspan="2">施工队装修保证金</td><td>收款人</td><td></td></tr>
<tr><td colspan="2">管理处初验意见</td><td colspan="5">验收人：

　　　　　　年　　月　　日</td></tr>
<tr><td colspan="2">管理处复验意见</td><td colspan="5">验收人：

　　　　　　年　　月　　日</td></tr>
<tr><td colspan="2">退还业主保证金</td><td></td><td colspan="2">退还施工队保证金</td><td>退款人</td><td></td></tr>
<tr><td colspan="2">备注</td><td colspan="5">1. 装修完工后，管理处需要验收，如无违规行为，予以初验签字。初验签字满3个月后，管理处进行复验，如无漏堵等现象，方可退还装修保证金
2. 本表一式三份，由业主、施工队、管理处各执一份</td></tr>
</table>

3. 装修手续办理

装修申请获得批准后，客服人员应提前一天通知业主和装修单位交费及办理相关证件，并带领装修单位到工程部办理有关手续，填写相关表格。

（1）填写"装修施工责任承诺书"（见范本2-03），如果装修单位不肯承诺，则不得施工。

（2）填写"防火责任书"（见范本2-04）。

（3）填写"临时动火申请表"（见范本2-05）。

（4）填写"临时用电计划申请表"（见范本2-06）。

（5）填写"临时用水计划申请表"（见范本2-07）。

【范本2-03】▶▶▶---

装修施工责任承诺书

（施工单位填写）

本人已收到_____物业管理处客户服务中心发放的"装修指南""装修管理规定"及附件，现声明已详阅以上文件，并严格遵守以上文件的所有规定，若有违反，愿接受客户服务中心的处罚。

在装修期间本人完全按经审批的装修方案和图纸施工。

本人在装修期间担任消防责任人，负责对进场装修的有关人员进行消防安全教育，并在装修施工过程中采取有效的防范措施，同时承担因装修而造成的一切后果。

特此承诺！

签署人：

身份证号码：

（单位盖章）

年　　月　　日

【范本2-04】▶▶▶··

防火责任书

_____管理处：

本人愿意在_____装修期间，担任防火责任人，并严格做到：

1. 对进场装修的所有人员进行防火安全和施工管理制度的宣传教育，提高施工人员的安全意识。

2. 装修施工过程中，要求所有人员严格遵守消防制度及安全操作规程，确保施工安全。

3. 采取有效的安全防范措施，避免火灾发生。在施工作业现场，每50平方米配备一个灭火器，施工现场至少配备两个灭火器，并放置于明显、易取的位置。

4. 在施工过程中，不大量使用易燃材料（易燃材料应做防火处理），装修材料合理堆放，装修垃圾及时清运，保证安全出口、疏散通道畅通无阻。

5. 施工用电配备专用的开关箱，开关箱内设漏电保护器，开关箱电源线采用橡胶电缆，装修过程中遵守用电操作规程。

6. 保护好原有的消防设施，严禁动用消防器材；如需对房屋消防设施进行改动，必须经市政府有关部门批准。

7. 如需明火作业，经管理处批准后方可施工。作业时，就近配备足够的灭火器，并远离易燃、易爆材料及物品。

8. 不在工地内使用电炉、电热棒等电热设施，不使用高瓦数照明灯，严禁使用煤气。

9. 需要使用碘钨灯、电焊机的，经管理处批准后方可施工。

10. 不擅自改动供电/供水线路及其他预埋管线。

11. 施工现场禁止吸烟，如有吸烟者，按规定承担相应的处罚。

12. 因违反上述规定而发生的消防事故，由施工单位、个人及雇主，承担一切经济及法律责任。

装修施工单位：_____   联系电话：_____

防火责任人：_____   身份证号码：_____

年　　　月　　　日

【范本 2-05】▶▶▶ --

临时动火申请表

装修地点		装修单位		动火负责人	
动火部位		动火起止时间	起： 止：	动火器具	
动火作业安全措施					

<table>
<tr><td rowspan="6">动火
作业
安全
措施</td><td colspan="5">1.动火作业禁止使用瓶装及管道煤气，禁止使用电炉、电热棒等电热设施
2.动火作业人员必须严格遵守有关的操作规程和安全规定：
（1）动火前做到"八不"，即防火、灭火措施没落实不动火；周围杂物和易燃品未清除不动火；附近难以移动的易燃物未采取安全防范措施不动火；凡盛装过易燃或可燃液体的容器、管道，未清洗干净不动火；危险未排除不动火；高空焊割作业时，未清除地面的可燃物品、未采取相应的防护措施不动火；未配备灭火器材或灭火器材不足时不动火；现场安全负责人不在场不动火
（2）动火中做到"四要"，即现场安全负责人要坚守岗位；现场人员要加强观察，发现不安全苗头时，立即停止动火；一旦出现火灾或爆炸事故，要立即报警和组织扑救；动火作业人员要严格执行安全操作规程
（3）动火后做到"一清"，即完成动火作业后，动火人员和现场责任人要彻底清理动火作业现场
3.使用碘钨灯时，应做好安全防护措施，使用时有专人看管，做到人离灯灭</td></tr>
</table>

施工单位负责人意见	
	签名：＿＿＿＿＿＿ ＿＿＿年＿＿＿月＿＿＿日
装修巡查人员意见	
	签名：＿＿＿＿＿＿ ＿＿＿年＿＿＿月＿＿＿日
工程部主管意见	
	签名：＿＿＿＿＿＿ ＿＿＿年＿＿＿月＿＿＿日

【范本 2-06】▶▶▶

临时用电计划申请表

用户名称			
使用地点		负责人	
使用时间		联系电话	
用电理由		用电负荷	

（以下由管理处填写）

审批意见	签名：_____ ___年___月___日
临时用电 线路检查	签名：_____ ___年___月___日

		用电量	
临时用电 线路拆除	签名：_____ ___年___月___日	电度表号	
		倍数	
		使用前读数	度
		使用后读数	度
		总用电量	度

【范本 2-07】▶▶▶

临时用水计划申请表

用户名称			
使用地点		负责人	
使用时间		联系电话	
用水理由			

<table>
<tr><td colspan="2" align="center">（以下由管理处填写）</td></tr>
<tr><td>审批
意见</td><td>

签名：_____
____年___月___日</td></tr>
<tr><td>临时用水
管路检查</td><td>

签名：_____
____年___月___日</td></tr>
<tr><td>临时用水
管路拆除</td><td>

签名：_____
____年___月___日</td></tr>
</table>

4. 费用收取

（1）装修押金。对于是否收取装修押金，应按照购房人在买房时与开发商的约定为准，即按"房屋使用、管理维修公约"中的规定执行。许多城市的法律都没有明确的规定，但行内的做法是收取押金。

因为在现实中，确实有不少装修工人，不考虑他人的生活与安全，也不注意对建筑物、设施设备的保护，野蛮施工，随意抛掷垃圾，在不恰当的时间、地点施工等，引起其他业主的极大不满。若收取了押金，物业人员发现在装修过程中有损坏物业，破坏物业设施设备，给其他人造成生命、健康、财产方面损失等情形时，可从押金中扣除，这对装修人员也是一种约束。当然，如果装修过程没有违规行为，装修押金会全额归还。

（2）装修管理费。在业主装修过程中，物业管理处要提供一些原始工程资料，协调各方面关系（如协调其他业主、消防部门、设计院等），还要对装修工人、装修材料、装修行为进行管理，如纠正违规行为、进行电梯维护等，而这些工作会有人力、物力开支。也就是说，在装修管理中，物业管理处不仅要投入大量人力、物力，还要承担一定的安全责任。所以，物业管理处可按规定酌情收取一定的管理费，但应向业主解释清楚。

> 💡 **请牢记：**
>
> 装修管理费是实际进行管理而收取的费用。如果物业管理处没有对装修进行管理，或者业主没有装修，就不应该收取这笔费用。

5. 入场手续办理

（1）办理证件。为方便对装修过程进行管理，使各业主和装修人员都能按规定有序作业，物业管理处要求业主、装修人员及临时人员应办理相应证件。

① 装修许可证。业主交纳装修押金后，客服中心会为其发放装修许可证。

【范本 2-08】▶▶ --

装修许可证

<table>
<tr><td colspan="2" align="center">装修许可证</td></tr>
<tr><td colspan="2" align="right">编号：_____</td></tr>
<tr><td colspan="2">
施工范围：_____小区____栋

施工项目：

  1._____

  2._____

  3._____
</td></tr>
<tr><td colspan="2">
施工期限：____年____月____日至____年____月____日

施工 / 消防责任人：_____   联系电话：_____

发证单位：_____物业管理处

装修监管人：   审批人：

发证时间：   年   月   日
</td></tr>
<tr><td colspan="2">
备注：1. 施工单位取得本证后必须张贴于施工现场

    2. 装修时间为每日 8:00 ～ 12:00，14:00 ～ 18:00

    3. 严禁超范围、超时限施工，否则按违规论处

    4. 客服中心装修服务电话：×××××××××
</td></tr>
</table>

----

② 装修出入证。装修出入证统一由物业管理处制作，需粘贴持有人照片并加盖物业管理处公章，同时注明与装修施工期限相同的有效期。

【范本 2-09】▶▶▶ --

装修出入证

正面：

	××大厦管理处 装修出入证 编号：		编号： 装修出入证副证
公司图标		照 片	装修单位： 装修房号： 装修工姓名： 身份证号码：
	装修单位： 装修房号： 装修工姓名： 身份证号码： 有效期：____年____月____日至____年____月____日 请参阅背面装修须知		有效期：____年____月____日 至____年____月____日

背面：

	装修须知
公司图标	1. 进入大厦的装修人员请佩戴此证 2. 进出大厦大堂（道口）时，请自觉留存或取走副证 3. 装修施工时间为 8:00 ~ 12:00，14:00 ~ 18:00 4. 为减少噪声和污染，请关门施工 5. 禁止装修人员串栋串户或在大厦内徘徊，不得在大厦内留宿 6. 请自觉遵守大厦管理处的各项管理制度 7. 竣工后，请将主副证一并退还管理处，否则每证扣除 10 元

（2）签订装修协议书。物业管理处需签订业主装修管理协议书及装修施工队协议书。

【范本 2-10】▶▶▶ --

装修协议书

（业主）

甲方：×××物业管理处

乙方：××小区_____单元业主

为维护××小区广大业主的共同利益，严格遵守××小区设计规划的各项要求，营造安宁、舒适、优雅的居住环境，经甲乙双方协商，达成如下协议。

第一条　甲方权利和义务

1. 甲方依据"建筑装饰装修管理规定"和"××小区装修管理规定"及相关装修管理制度，对××小区住宅装修实施统一管理。

2. 甲方向乙方进行装修宣传，并提供免费装修咨询服务。

3. 甲方对乙方提交的装修资料进行严格审批，提出审批意见，确保不出现违规行为。

4. 甲方在乙方提出装修申请的三个工作日内完成审批并给予答复。如果不准予施工，应向乙方说明理由。

5. 甲方在乙方装修完工后，进行装修初验，如无违规装修项目，没有损坏结构、渗漏、堵塞、影响外观等现象，经过3个月工程保修期后，也没有出现以上问题，则退还全部押金（即装修保证金）。

6. 甲方办理装修审批及负责装修监管的人员必须坚持原则，按章办事，不允许滥用职权或向乙方索取好处。

第二条　乙方的权利和义务

1. 乙方可以选聘甲方推荐的装修施工单位，也可自聘有承建资格的装修施工单位。

2. 乙方有权在装修管理规定允许的装修范围内，选择室内装修方案。

3. 乙方应提前3天到甲方指定地点办理装修申请，提供具体的装修方案、装修标准、装修防护措施、施工图纸及施工单位资质等资料，以便于甲方进行审批。

4. 对于甲方违反"建筑装饰装修管理规定"的要求，乙方有权向甲方主管单位投诉。

5. 乙方应按照甲方批准的装修范围进行施工，保证不出现违规行为。乙方应向甲方交纳装修保证金，共同维护公共楼道墙面、地面、电梯、大堂等公共设施的完好。

6. 乙方在装修过程中按照"××小区电梯使用管理办法"使用电梯。

7. 乙方应配合甲方的装修巡查、监管、验收等工作。

第三条　违约责任

1. 若乙方违反第二条中第3项，甲方有权拒绝乙方及施工单位进场装修。

2. 若乙方违反第二条中第5项，甲方有权根据实际情况，采取说服、强制停水停电、责令恢复原状、没收工具、罚款及上诉法庭等手段。

3. 若乙方违反第二条第6项、第7项，甲方有权采取责令停止施工或扣罚保证金等措施。

4. 若甲方违反第一条第 4 项、第 5 项、第 6 项，甲方将视情节轻重，对甲方的管理人员进行经济、行政处罚，甚至诉诸法律。

第四条　协议生效

本协议一式两份，经双方签字盖章后生效。附件作为本协议的组成部分，具有同等法律效力。

甲方：　　　　　　　　　　　　乙方：

甲方代表：　　　　　　　　　　乙方代表：

联系地址：　　　　　　　　　　联系地址：

联系电话：　　　　　　　　　　联系电话：

年　　月　　日　　　　　　年　　月　　日

二、装修过程监控

业主领取装修许可证后，即可办理施工人员出入证、运进装修材料等，开始装修施工。

为了使装修顺利进行，确保业主和施工人员的生命、财产安全，物业管理处应安排客服人员定期巡视，加强对装修现场的监管，及时纠正和阻止违规装修行为。

1. 采取措施有效预防

装修会对隔壁、上下楼层业主的工作和生活造成影响，严重的会招来业主的投诉和不满。为避免室内装修对邻居的干扰，物业管理处应采取以下管理措施。

（1）装修前给同一楼层及上下楼层住户发通知，让他们采取一些预防措施，并求得他们的谅解。

（2）在业主提交装修申请时，提醒业主选择信誉好、实力强、人员精的装修公司，并尽量缩短工期。

（3）对业主和装修人员进行必要的培训，详细介绍装修程序和有关管理规定，以免他们违规装修。

（4）将"装修注意事项"贴在装修单元大门上，提醒装修人员文明施工。

（5）对于住宅楼，严禁在夜晚、周末等时间装修；对于商业大厦，上班时间只允许进行一些不产生噪声及油漆味的装修，发出较大噪声的施工应安排在非办公时间进行，且装修时严禁开启空调。

（6）施工人员必须办理施工证或出入证，施工人员不得从事与施工无关的各种活动。

（7）加强对装修过程的监管，及时听取邻居意见，对违规的施工人员视情节轻重分别给予口头或书面警告、停止装修、暂扣装修工具、责令赔偿损失等处罚。

2. 装修现场定期巡查

在装修现场，应要求业主将"室内装修批准书"和"室内装修注意事项"张贴于门上，以提醒装修人员安全施工。同时，物业客服人员应按规定对装修现场进行巡查。

客服人员对装修现场进行检查前应仔细查看图纸及审批文件，做到心中有数，并按审批内容逐项检查，同时注意表 2-9 所列的内容。

表 2-9 装修现场巡查内容

序号	项目	巡查内容
1	隔墙材料	使用防水材料或空心砖、轻体墙等（木质材料必须涂上消防部门认可的防火漆）
2	天花板材料	使用防水材料或做防火处理
3	电气线路改动	需套 PVC 管，配电箱内空气开关型号、位置正确，出线线径合理等
4	地面	应在允许的范围内对地面进行改动；洗手间、厨房等地面改动，必须按要求做好防水处理
5	墙面	墙面以瓷砖或涂料为主。如贴墙纸，则必须是阻燃墙纸
6	给排水管道	给排水管道应按照图纸改动，材料符合国家标准，接口部分不漏水，不得损坏主管道及原有管道
7	空调安装	主机安装在指定位置，地脚螺栓需加装防震垫片；空调水不能直接排至户外，需利用厨房、洗手间或阳台地漏排水；主机如需挂墙或搭架安装，应使用不锈钢材料
8	大门（进户门）	如更换大门，需提供乙级防火门证明，否则不可更换
9	窗户防盗网（栏）	按要求设置防盗网（栏）
10	外露平台	外露平台如需装修，应得到物业管理处批准

案例

巡查工地惹来的纠纷

一天，某小区物业管理处工作人员在巡查过程中，见一装修户房门虚掩未锁，内有施工的声音，于是推门而入。发现装修工人在满是易燃物的施工现场吸烟，并且施工现场没有按规定配备必要的消防器材。于是装修管理人员责令工人立即熄灭香烟并暂停施工，同时通知保安人员将装修施工负责人带到管理处接受处理。不久，业主知道了此事，遂投诉管理处工作人员在未经业主同意的情况下私闯民宅，并且非法扣留施工人员，侵犯了业主和装修施工人的合法权益，同时表示将诉诸公堂。然而，该户业主并未签署"装修管理服务协议"。管理处认为施工单位违反了该小区装修安全管理规定，从而对其作出相应的处罚。

【点评】

在本案例中，物业管理处之所以被业主投诉，是装修管理的前期工作没有做好。因为业主并未签署"装修管理服务协议"，自然也不知道管理处有关装修的规定。其实，管理处工作人员入户巡查是非常必要的，因为如不入户，又怎能查出安全隐患呢。所以，业主所谓私闯民宅的说法是不合理的。管理处在装修审批的时候要与业主签订合同，同时对装修注意事项尽到告知义务。

3. 违规装修及时处理

客服人员在巡查中发现任何违规装修，必须记录下来或拍照存档（如有需要），并向上级汇报，以便及时采取措施。

（1）违规装修的形式。违规装修一般有以下形式。

——擅自开工。

——乱拉电线、超负荷用电。

——随意改变窗台、窗框、玻璃等的颜色、款式。

——随意拆改墙体。

——对承重墙、梁、柱打孔、削薄、乱挖。

——私自增加线路负荷。

——随意改动上下水管、电线（开关盒）。

——私自开凿楼面层。

——擅自占用公共通道、天台、屋面。

——擅自在室外加装灯具。

——擅自移动消防设施。

——使用消防违禁物品。

——擅自动火作业。

——铺装过重的地板材料。

——随意丢弃装修垃圾，利用公共部位、场地放置装修材料。

——随意向窗外抛扔物品。

——随意使用电梯运送装修材料（散装料和超长、超重料）。

——冲洗地面时将水冲进电梯，破坏电梯装置。

——不按规定时间施工。

——夜间在工地留宿。

——不按规定配置灭火器。

——施工人员在装修施工现场吸烟等。

（2）应对措施。为了保证物业及业主的安全，物业管理处应加强对室内装修的管理，对于违规装修可视情节轻重采取如下措施。

① 口头或书面警告。

② 停止违规装修。

③ 责令恢复原状。

④ 停水停电。

⑤ 责令赔偿（损害公共利益）经济损失。

（3）发出违章通知并将处理结果记录下来。对于重大的违规行为，应向装修公司发出违章通知（见表2-10），并通知业主及时整改，同时将违规事项及处理情况记录下来（见表2-11）。

表2-10 违章通知单

违章通知单

序号：_____

_____：

经查实，您（单位）的_____行为，违反了规定，管理处现要求：

1. 请立即停止上述行为。

2. 限期____天恢复或将_____处理好。

3. 赔偿经济损失_____元（人民币）。

4. 没收_____。

5._____。

请在____天内到_____接受处理，逾期将加倍处罚，并按规定强制执行。

若有疑问或异议，请于____年____月____日前到_____查询或复议。

检查人员：   证号：

×× 管理处

年   月   日

表2-11 室内违规装修记录表

年   月   日

房号		装修公司名称	
装修负责人		联系电话	
业主		联系电话	

序号	违规事项	发现违规打√	罚款金额（元）
1	施工人员出入大厦不佩戴出入证		
2	施工现场未配备消防器材		
3	使用化学药水，气味影响周围用户		
4	装修粉层影响周围用户		
5	不按规定清运淤泥		
6	在施工现场抽烟		
7	违规使用电梯		
8	装修噪声影响周围用户		

续表

序号	违规事项	发现违规打√	罚款金额（元）
9	在茶水间、厕所乱倒污染物		
10	现场未封闭空调		
11	开门施工影响周围环境		
12	盗用电力		
13	损坏大厦设施		
14	盗用大厦物品		
15	超越物业公司批准范围装修		
……			

装修公司签字：　　　　　　　　　　物业管理处检查人签名：

三、装修完工验收

1. 装修验收的分类

装修工程完工后，业主应书面通知物业管理处验收。客服人员检查装修工程是否符合装修方案的要求、施工中有没有违规行为、费用有否交齐等。如无问题，即验收通过，退还装修保证金。装修验收可分为表 2-12 所示的类别。

表 2-12 装修验收的类别

序号	类别	具体说明
1	初验	当所有装修工程施工完毕，即可申请初验
2	正式验收	初验时提出的问题得到整改后，业主提前一周通知客户服务中心安排正式验收
3	特殊情况	若装修量小、项目简单，并且不涉及改造，物业管理处可将初验和正式验收合并进行

2. 装修验收的要求

（1）业主在装修时的违规行为，没得到整改或纠正前，不能进行验收。

（2）初验中存在的问题必须得到彻底整改，如在正式验收中仍不合格，物业管理处将不予验收，并处以相应的处罚。

（3）业主和装修单位申请正式验收后，客服人员应收回装修出入证；对于遗失证件的，物业管理处将扣除部分装修押金。

3. 验收合格的事务处理

正式验收合格后，客服人员在装修验收表的正式验收情况栏内登记验收情况。工程部在装修申请表的完工验收栏内登记"验收合格"，并签署姓名及日期，同时在装修押金的收据上签署装修验收合格证明。

装修单位应在正式验收合格当日离场。

正式验收合格后，如果3个月内没有出现结构和安全问题，业主和装修单位可凭已签署验收合格意见的收据到管理处财务部办理"装修押金""水电押金"的退款手续。

4. 装修验收程序

装修验收程序如图2-4所示，装修验收表如表2-13所示。

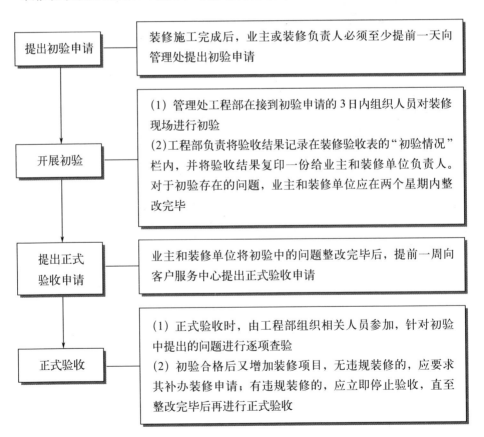

图 2-4　装修验收程序

表 2-13　装修验收表

装修地点		建筑面积（平方米）	
装修负责人		联系电话	
装修单位			
初验情况	装修主管：　　　　　　　　时间：		
整改情况	验证人：　　　　　　　　时间：		
正式验收情况	装修主管：　　　　　　　　时间：		
施工用电量	使用前读数：_____度	使用后读数：_____度	
	倍率：_____	总用电量：_____度	
装修出入证	办证数量：_____个	退证数量：_____个	
备注			

二次装修查验的技巧

1.门

检查锁舌与锁鼻是否对位，钥匙转动是否灵活，门与门框的间隙是否适中。还要留意门与地之间是否预留出地面装饰的缝隙。

2.窗

窗最怕渗水，一下雨，雨水可能顺着窗缝流进室内。所以检查时一定要细看窗的缝隙，如缝堵得严不严、条压得平不平等。

3.坐厕

如果水箱渗水，则容易出现锈迹。水箱最好是节能型的，因马桶冲洗最为费水。

4.地漏

检查地漏时，可在卫生间放一些水，观察地漏漏水是否畅通。

5.橱柜

开关橱柜柜门，查看是否方便；还要查看开门后人员行走是否顺畅，橱柜高度是否便于取存物品。

6.不锈钢洗手盆

有些楼房使用的是不锈钢洗手盆，如果下水管漏水，肉眼是不易看到的，但可以用手触摸，检查水管或水龙头表面有否渗水。

7.电

电的施工有许多潜在问题会为业主今后的生活、工作留下隐患，常见的主要有配电线路断路或短路、电视信号微弱、电话接收干扰等；除此之外，还要检查是否存在以下问题。

（1）装修公司为降低成本而偷工减料，隐蔽处理的线路没有套管。

（2）线路接头过多及接头处理不当。有些线路过长，电工操作时会制作一些接头，如接头的打线、绝缘及防潮处理不好，就会发生断路、短路等现象。

（3）线路受到后续施工的破坏，如墙壁线路被电锤打断、铺装地板时气钉枪打穿了PVC线管或护套线等。

（4）各种不同的线走同一线管，如把电视线、电话线和配电线穿入同一套管，会使电视、电话接收受到干扰。

（5）未考虑不同规格的电线有不同的额定电流，造成线路长期超负荷工作。

8.水暖

在查验水暖装修工程时，要重点关注以下问题。

（1）水流小。施工时，为了把整个线路连接起来，要在锯好的水管上套螺纹，如果螺纹过长，连接时水管旋入管件（如弯头）过深，就会造成水流截面变小，从而使水流变小。

（2）水管漏水。如果水管及管体本身没有质量问题，那么要注意冷水管和热水管是否漏水。冷水管漏水一般是水管和管件连接时密封没有做好；热水管漏水除是密封没有做好外，还可能是密封材料选用不当。

（3）马桶冲水时溢水。安装马桶时底座凹槽部位没有用油腻子密封，冲水时就会从底座与地面之间的缝隙溢出污水。

（4）面盆下水返异味。装修卫生间时，面盆经常会移到与下水入口相错的地方，而买面盆时配的下水管往往难以直接使用，安装工人为图省事一般又不做S弯，造成面盆与下水管道直通，异味就会从下水道返上来。

（5）软管爆裂。连接主管与洁具大多使用蛇形软管。如果软管质量低劣或水暖工把软管拧得过紧，使用不长时间就会造成软管爆裂。

在具体实施时，可将房屋装修验收的要点、技巧设计成一张简易的表格。

房屋装修验收表

序号	项目	验收检查内容	检查结果
1	门	（1）门的开启与关闭是否顺畅 （2）门插是否插入得太短，门间隙是否太大（特别是门锁的一边） （3）门四边是否紧贴门框，门开关时有无特别声音 （4）大门、房门的插销、门销是否太长、太紧	
2	窗	（1）窗边与混凝土接口有无缝隙（窗框属易撞击处，框与墙接缝处一定要紧实，不能有缝隙） （2）开关窗户是否顺畅 （3）窗户玻璃是否完好 （4）窗台下面有无水渍，窗户是否漏水	
3	地板	（1）地板有无松动，行走时是否吱吱作响 （2）地板间隙是否太大 （3）木地板有无大片黑色水渍 （4）地脚线接口是否牢固，有无松动 （5）地面是否有裂缝，是否有起砂现象	

续表

序号	项目	验收检查内容	检查结果
4	顶棚	（1）顶棚是否有裂缝 （2）顶部是否有麻点 （3）顶棚有无水渍 （4）厕所顶棚是否有油漆脱落或霉菌生长 （5）墙身、顶棚有无隆起部分，用木棍敲一下是否有中空现象 （6）墙身、顶棚楼板有无倾斜、弯曲、起浪、隆起或凹陷的地方 （7）墙身、墙角接位有无水渍、裂痕 （8）内墙墙面上是否有石灰爆点	
5	厨房、厕所	（1）厕具、浴具有无裂痕，浴缸、抽水马桶、洗脸池等是否有渗漏现象（裂痕有时细如毛发，要仔细观察） （2）坐厕下水是否顺畅，冲水声响是否正常，冲厕水箱有无漏水声 （3）浴缸、面盆与墙或柜的接口处防水是否完好 （4）厨房及厕所瓷砖有无凹凸不平 （5）砖缝有无渗水现象 （6）厨具、瓷砖及下水管上有无水泥尚未清洗 （7）水龙头是否漏水，下水是否顺畅 （8）卫生间、厨房地漏坡度是否合适	

第三节　客服中心档案管理

一、业主资料管理

1. 业主资料内容

（1）基本资料：包括业主的姓名、性别、年龄、学历、户口所在地、政治面貌、出生日期、通信地址、联系电话、婚姻状况、所属单位名称、职务、家庭主要成员、家庭常住人口数等。

（2）物业资料：包括物业类型、使用性质、房号、房屋面积、购买方式、入住（入租）时间、水电表编号等。

（3）车辆资料：包括业主拥有车辆的数量、型号、车牌号码、停车位办理情况等。

（4）费用资料：包括楼款交纳情况、管理费交纳情况、水电费交纳情况、装修保证金交纳情况、配套产品（如门禁卡、会员卡、报警系统等）购买情况。

（5）个性资料：包括业主的兴趣爱好、身体特征、特长、生活习惯、宗教信仰、生活禁忌等。

（6）房屋修缮记录。

（7）曾经要求的特约服务。

（8）以往的投诉和建议。

（9）参与社区活动的记录及曾经获得过的荣誉。

（10）发生突发事件的情况。

（11）物业使用过程中的违规记录。

（12）家庭主要成员的健康档案。

2. 业主资料档案的建立

物业管理处应通过图 2-5 所示的途径取得业主资料并建立档案。

途径一	业主入住前，通过开发商销售部门取得，如前期物业管理协议、购房合同复本以及房产证办理情况、楼款交纳情况、销售承诺等
途径二	在业主办理入住手续时取得，如身份证（或暂住证）复印件、业主公约、业主登记表、委托银行收款协议、停车位租赁合同、二次装修申请表、业主本人及家庭主要成员信息等
途径三	日常观察和记录取得，如房屋租赁合同复印件、客户请修流程单、客户投诉受理登记表等
途径四	定期统计和分析取得

图 2-5　业主资料取得的途径

3. 业主资料的分类管理

（1）分类方法

业主资料可以按照如下方式进行分类。

① 按照物业的使用性质（住宅、办公、商业等）分类。

② 按照物业的楼栋及层数分类。

③ 按照业主的类型（住户、租户）分类。

（2）管理

① 对业主资料，应根据物业的产权归属分别独立建档。

② 业主档案的分类和组卷必须规范，同时建立检索目录，以便于调用和查阅。

4. 业主资料的使用

物业管理处应充分利用业主资料，努力提供个性化和差异化的物业管理服务。通常在如下情况会用到业主资料。

（1）进行业主需求分析和服务定位时。

（2）受理和解决业主投诉时。

（3）处理突发事件时。

（4）策划社区文化活动时。

（5）推销配套产品时。

（6）业主委员会成立和换届选举时。

5. 业主资料的归档和清理

（1）客服中心负责收集、整理及归档业主资料。

（2）客服人员应养成善于观察和随时记录的良好习惯，以便不断丰富和完善业主资料。

（3）业主资料的归档必须采用双轨制，即保存原始资料和录入电脑。

（4）每年底对业主资料进行一次清理，剔除无用和多余的资料，并将留存的资料分类装订成册，同时录入电脑。

（5）档案柜应上锁，并做好防火、防盗、防潮、防虫、防光、防尘和防鼠等措施，有效保证业主资料的安全。

（6）未经管理处经理授权，业主资料不得外借。借调业主资料时，不得随意涂改，不得遗失或损坏，不得向外人泄露业主隐私。

6. 资料管理的常用表格

对业主资料进行管理时，通常会用到一些表格（如表 2-14 至表 2-17 所示）。客服人员在填写这些表格的时候，一定要认真仔细，确保业主信息的准确性。

表2-14 业主信息统计表

编号：

管理处：

序号	房屋地址	业主姓名	联系电话	层数	占地面积（平方米）	建筑面积（平方米）	备注

表2-15 租住人员信息登记表

编号：

版次：

填表单位：   填表人：

填表日期： 年 月 日   管理员：

暂住地址：

姓名		别名		照片
性别		出生年月		
民族		婚姻状况		
文化程度		联系电话		
身份证号		政治面貌		
户口类型		户籍地址		
服务单位		单位所属派出所		
单位地址		职务		
来本地日期		暂住事由		
住所类别		居住证生效日期	年 月 日	
入住日期		离开日期		
租住方式		出租屋综合管理责任书		
房主	姓名		联系电话	
	身份证号			
备注				

表 2-16　产权清册

编号：　　　　　　　　　　　　年　　月　　日

序号	产权人	地址	房屋类型	建筑面积（平方米）	物业使用情况		附属设施情况	车位租用情况	车库情况
					入伙日期	入住日期			

表 2-17　租赁清册

编号：　　　　　　　　　　　　年　　月　　日

序号	产权人	地址	房屋类型	建筑面积（平方米）	租赁情况				
					租住日期	退租日期	租用人	租用人相关证件	备注

二、物业档案资料管理

1. 档案的接收

接管物业后，客服中心负责接收各类物业原始资料，并建立物业管理档案，包括小区平面图、业主资料、租户信息、各类物业管理资料等。

2. 分类建档

（1）对物业资料进行分类建档，并按类别编制档案文件清单。

（2）每个月对档案进行一次整理。

3. 档案资料的使用

档案资料仅供物业管理处员工在工作需要时查阅或借用，非工作原因或非管理处员工未经管理处经理批准，不得查阅或借用档案。

（1）保密要求

业主与租户资料、员工个人资料及其他需要保密的文件和资料：

① 无关人员不可查阅。

② 不可复印或带离档案室。

③ 不可传播。

（2）档案借阅要求

档案借出时，应填写文件借阅登记表（如表 2-18 所示），并由借阅人签字。

表 2-18　文件借阅登记表

编号：

管理处：

序号	文件名称	文件编号	借阅时间	借阅部门	借阅人	归还时间	归还人	备注

① 借阅时间不得超过 3 天，超过 3 天应由管理处经理在文件借阅登记表上签字批准。

② 存档的磁盘、光盘和涉及业主、租户及员工个人信息的档案资料一律不得外借。

（3）档案资料的变更

档案变更时，应填写档案文件清单，如表 2-19 所示。

表 2-19　档案文件清单

编号：
管理处：

类别	文件名称	文件编号	存档时间	备注

4.档案资料的保存

（1）档案资料应分类放置，并整齐摆放在档案柜中，同时登记到存档文件目录表，如表 2-20 所示。

表 2-20　存档文件目录表

编号：
管理处：

序号	文件名称	文件编号	存档时间	存档人	备注

（2）档案室应保持清洁，档案架、档案柜、档案箱、档案盒应完好，档案室的温度和湿度适中，并配备干燥器、灭火器。

（3）采取措施防止档案损毁、散失；确保档案资料内容完整与安全。

（4）档案资料的保管期限由物业管理处根据实际情况确定。

5.档案的销毁

（1）超过保存期或无保存价值的档案资料，由客服人员报客服主管及管理处经理批准后予以销毁，并填写过期文件处理登记表（如表 2-21 所示）。

（2）销毁档案时，应有两个以上人员在场，监销人应复核销毁内容。

表 2-21　过期文件处理登记表

编号：
管理处：

序号	文件名称	保存期限	处理原因	备注

三、电子档案管理

物业电子档案的有效管理，是提升物业服务水平和服务质量的重要手段。通过数字化处理，建立电子档案数据库，加强存储与备份，采取权限管理以及数据挖掘与利用等措施，可以确保电子档案的安全性和可靠性，提高物业管理的工作效率和信息流通效率。

1.电子档案的重要性

（1）信息安全：电子档案能有效保护业主信息的安全，防止信息泄露。

（2）服务效率：通过电子化手段，可以快速检索和共享业主信息，提高服务速度和效率。

（3）决策支持：电子档案中的数据可以为物业公司的决策提供有力支持，帮助公司优化服务流程和管理策略。

2.电子档案的管理措施

电子档案的管理措施如图 2-6 所示。

数字化处理	☞	（1）将各类档案进行数字化处理，包括业主基本信息、服务记录、投诉反馈等 （2）利用扫描设备对纸质档案进行扫描，转化为可搜索的电子文档
建立电子档案数据库	☞	（1）建立专业的电子档案管理系统，对电子文档进行分类整理和存储 （2）根据档案属性和业务需求建立索引，以便快速检索和访问
存储与备份	☞	（1）将电子文档存储于服务器或云端平台，确保档案的安全性和可靠性 （2）根据档案的价值和保管期限，制定合理的备份策略和存储周期，以防档案丢失或损坏
权限管理	☞	（1）建立档案权限管理制度，对不同用户设定不同的权限 （2）确保具有相应权限的人员才能访问和操作档案资料，以保障档案的安全
共享与协作	☞	（1）通过电子档案管理系统实现档案的共享，以提高工作效率和信息流通效率 （2）将档案资料与其他业务系统进行集成，实现数据的共享与交互
数据挖掘与利用	☞	（1）利用数据挖掘技术和分析工具对档案数据进行分析和利用 （2）为业务决策和物业管理提供支持，提高物业公司的竞争力和创新能力

图 2-6　电子档案的管理措施

3. 电子档案管理的注意事项

（1）遵守法律法规。在电子档案管理过程中，应严格遵守《中华人民共和国档案法》《物业管理条例》等相关法律法规，确保档案信息的合法性和合规性。

（2）保障信息安全。加强电子档案的安全防护，可采取数据加密、访问控制、安全审计等措施。定期进行安全检查和漏洞扫描，及时发现并消除安全隐患。

（3）提升服务质量。通过电子档案管理提升客户服务的质量和效率，及时响应业主的需求。不断优化服务流程和管理策略，提高业主满意度和忠诚度。

在实际管理中，许多物业公司已经成功建立了电子档案管理系统。例如，通过搭建智能数字档案管理系统，实现对物业客服档案的全面管理。这些系统不仅提高了档案管理的效率和质量，还降低了物业管理成本，为物业服务人员提供了更加高效和便捷的档案管理平台。

学习笔记

通过学习本章内容，想必您已经有了不少学习心得，请详细记录下来，以便后续巩固学习。如果您在学习中遇到了一些难点，也请如实记下来，以便今后进一步学习，彻底解决这些问题。

我的学习心得：

1. ＿＿＿＿＿＿＿＿＿＿＿＿＿＿＿＿＿＿
＿＿＿＿＿＿＿＿＿＿＿＿＿＿＿＿＿＿＿
2. ＿＿＿＿＿＿＿＿＿＿＿＿＿＿＿＿＿＿
＿＿＿＿＿＿＿＿＿＿＿＿＿＿＿＿＿＿＿
3. ＿＿＿＿＿＿＿＿＿＿＿＿＿＿＿＿＿＿
＿＿＿＿＿＿＿＿＿＿＿＿＿＿＿＿＿＿＿
4. ＿＿＿＿＿＿＿＿＿＿＿＿＿＿＿＿＿＿
＿＿＿＿＿＿＿＿＿＿＿＿＿＿＿＿＿＿＿
5. ＿＿＿＿＿＿＿＿＿＿＿＿＿＿＿＿＿＿
＿＿＿＿＿＿＿＿＿＿＿＿＿＿＿＿＿＿＿

我的学习难点：

1. ＿＿＿＿＿＿＿＿＿＿＿＿＿＿＿＿＿＿
＿＿＿＿＿＿＿＿＿＿＿＿＿＿＿＿＿＿＿
2. ＿＿＿＿＿＿＿＿＿＿＿＿＿＿＿＿＿＿
＿＿＿＿＿＿＿＿＿＿＿＿＿＿＿＿＿＿＿
3. ＿＿＿＿＿＿＿＿＿＿＿＿＿＿＿＿＿＿
＿＿＿＿＿＿＿＿＿＿＿＿＿＿＿＿＿＿＿
4. ＿＿＿＿＿＿＿＿＿＿＿＿＿＿＿＿＿＿
＿＿＿＿＿＿＿＿＿＿＿＿＿＿＿＿＿＿＿
5. ＿＿＿＿＿＿＿＿＿＿＿＿＿＿＿＿＿＿
＿＿＿＿＿＿＿＿＿＿＿＿＿＿＿＿＿＿＿

第三章
Chapter three

物业常规期客户服务

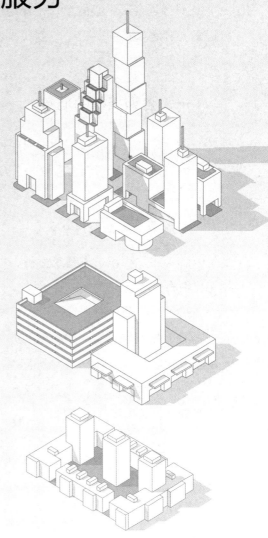

>>>>> 章前指引

　　物业常规期客户服务通常包括多个方面，旨在满足业主的日常生活需求，维护物业的正常运行，为业主提供最优质的服务。

第一节　咨询接待服务

　　前台是客服中心的窗口，保持信息畅通、协调各部门工作是前台接待的主要职责。客服人员的一言一行都代表着物业公司，因此物业公司要重视业主咨询的接待工作。

一、咨询接待的准备

　　客服中心通常会接到业主的各种咨询电话，为了给业主提供吃、住、行、游、娱、购等信息，宣传物业管理相关法律法规，满足业主对物业管理活动的知情权，客服人员应善于收集信息。

1. 物业的基本情况

　　（1）占地面积、总建筑面积、绿化面积、容积率、绿化率、栋数、每栋层数、车位数量。

　　（2）总户数、总人数、已入伙户数、常住户数。

　　（3）物业管理费、本体维修基金收取标准；水、电、气、空调、电话、宽带网收费标准。

　　（4）匪警、火警、急救、液化气抢修、水电抢修、有线电视、电器维修、物业管理处、派出所、投诉等的电话。

　　（5）装修、放行条、车位、入住等办理程序。

2. 设施设备及配套情况

　　（1）物业所在小区配套的供水、供电、供热、燃气、通信、绿化等情况。

（2）物业所在小区配套的停车设施、娱乐设施及教育、餐饮等服务。

3. 周边信息

（1）当地主要的风土人情、生活习惯等。

（2）机场、火车站、汽车站的主要电话。

（3）周边主要配套的服务内容和电话号码、营业时间等，如电影院、展览馆、医院、银行、商场、健身房、学校等。

（4）当地著名的旅游景点和抵达方式；当天的天气预报、空气质量等信息。

4. 其他常见问题

客服中心可以在前台放置以下资料。

（1）各种交通工具的时刻表、价目表、里程表，世界地图、全国地图、全省和本市地图。

（2）旅游部门出版的风景名胜宣传册。

（3）快递公司、送餐服务的电话号码，交通运输部门关于购票、退票的详细规定，当日报纸、各类杂志等。

除了以上信息外，客服人员还应了解物业管理相关的法律法规知识。

二、咨询接待

1. 咨询接待要求

业主来电或到客服中心咨询，客服人员应热情接待，主动询问，面带微笑，不得推诿，并做到熟人陌生人一个样、大人小孩一个样、忙时闲时一个样。

2. 业主咨询服务流程

业主咨询的服务流程如图3-1所示。

（1）接待业主咨询时，要持友好的态度，不得粗暴对待业主。

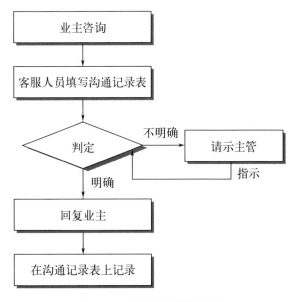

图3-1 业主咨询服务流程

（2）回复业主要迅速，不要让业主等待过长时间。

三、来访接待

1. 来访接待基本程序

业主来访接待的基本程序如图3-2所示。

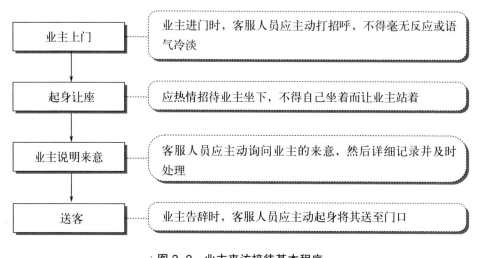

图3-2　业主来访接待基本程序

2. 来访引见

如果业主要与领导见面，通常由客服人员引见、介绍。引见时要注意如图3-3所示的事项。

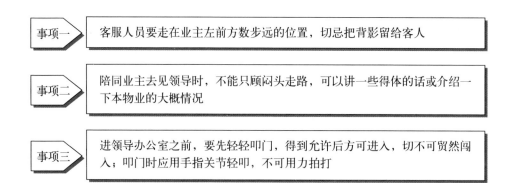

| 事项四 | 进入房间后，应先向领导点头致意，再将业主介绍给领导，介绍时要注意措辞，不可用手指指着对方
一般是把身份低、年纪轻的介绍给身份高、年纪大的；把男同志介绍给女同志；如果有好几位客人同时来访，要根据职务的高低，按顺序介绍 |

| 事项五 | 介绍完毕走出房间时应自然、大方，保持较好的行姿，出门后应回身轻轻把门关上 |

图 3-3 来访引见的注意事项

四、报修接待

1. 报修接待要求

报修接待的要求如表 3-1 所示。

表 3-1 报修接待要求

序号	类别	要求
1	业主亲自来报修	业主前来申报维修服务项目时，客服人员应起立、微笑，主动打招呼，并填写维修服务单
2	电话报修	业主电话申报维修服务项目时，客服人员应边接听电话，边做记录；电话即将结束时，应待业主挂断后再挂断
3	区分维修内容的轻重缓急	（1）在业主报修时，客服人员应根据其态度判断所申报的项目是否为紧急项目。有的项目，如水管爆裂、开关熔丝烧断等，给业主生活带来很大不便甚至损害，客服人员应立即联系维修部门处理 （2）在紧急情况下，业主可能表达不清，这时，客服人员要安抚业主，尽量使之平静下来，同时，尽量加快记录的速度
4	区分无偿维修与有偿维修	（1）管理处为业主提供的维修服务中，有些并不属于免费范围，所以发生的材料、人工等成本费用需由业主承担。一般情况下，管理处应在服务资料中标明哪些项目属于无偿服务，哪些属于有偿服务 （2）当业主报修时，客服人员应判断是否属于有偿维修项目，如果是，则将相关规定与价格向业主作出明确说明，得到业主的认可后，再商定维修的具体事宜

请牢记：

在服务过程中，可能会出现业主不认可甚至责骂客服人员的情况，这时，客服人员尽量不与业主发生正面冲突，始终保持平静的心态，耐心地劝导业主，直至问题得到圆满的解决。

2. 详细记录

业主申报维修时，客服人员应将业主姓名、住址、电话、申报维修内容等逐项填写在请修登记表中（如表 3-2 所示），同时与业主约定上门维修的时间。

表 3-2　请修登记表

日期	受理时间	业主姓名、联系电话及地址	请修内容	预约时间	流程单号	完成时间	维修结果	回访时间	回访结果

3. 通知工程部

客服人员填写完请修流程单的相关信息后，应及时通知工程主管或工程主管指定的负责人（如班长），以便安排维修。

4. 服务跟踪

（1）客服人员应对维修进行跟进、督促，并将请修流程单存档。

（2）客服人员应按规定及时进行回访，并将回访情况记录在请修登记表的相应栏内。请修回访率应达到 30%。

5. 业主请修接待工作流程

业主请修接待工作流程如图 3-4 所示。

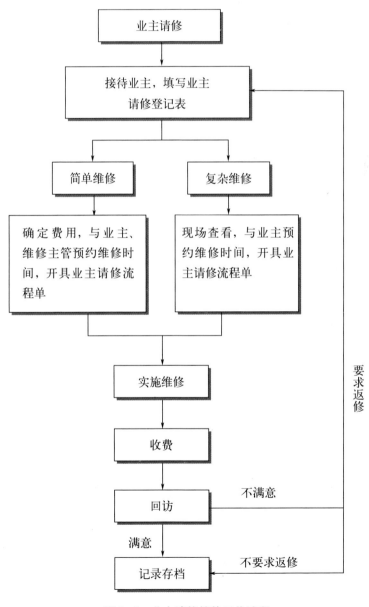

图 3-4　业主请修接待工作流程

 **相关链接**‹···

日常维修的范畴

1. 中修

中修是指达不到大修范围和程度而小修又不能解决的单项修理。修理费用较高、工程量较大、修理周期较长的一般都列入中修的范围，如屋面局部漏水，个别楼层卫生间、厨房、管道、马桶、面盆、水斗漏水，墙面损坏、渗水，上下水管道局部堵塞等。中修要进行预结算，完工后要进行验收，并需要一定的审批手续。

2. 小修

小修是指为保持房屋完整程度对小坏小损进行的日常修复。私人住宅的小修包括下表所示的范畴。

小修的范畴

类别	报修内容
电器方面	熔丝、插座、空气开关、漏气开关、灯头、灯座、灯泡、灯管、线路故障
给排水方面	（1）各种龙头故障 （2）各种水闸渗油或损坏 （3）上下水管道堵塞 （4）各种配件失灵或损坏 （5）上下水管漏水、水表故障
配套设备方面	（1）热水器保养和维修（整机报废，业主自行购置或更换） （2）脱排油烟机保养和维修（整机报废，业主自行购置或更换）
门窗、小面积地板及内墙	（1）木质门窗和铝合金门窗的修理 （2）小面积木质地板的修理和更换 （3）少量面砖、地砖、瓷砖的更换 （4）修理、更换门锁
其他日常修理服务	消防设施的维修，电表箱、电话箱、总水闸的维修，电子门的维修等

案例

称呼不准确，导致业主生气

一位七旬的何太太（韩国人）来到管理处，工作人员李先生礼貌地招呼她："太太，您请坐。"不料，老太太顿时显得很不愉快，也不入座。李先生茫然不知所措，只得再次说："太太，您请坐。"这下，何老太太冲着李先生说："我想与你们领导谈话。"李先生赶紧报告客服主管。何老太太对他们直率地说："请你们以后加强下属员工礼仪用语的培训，与女性谈话，要有礼貌，要称小姐。"

李先生感慨万分，从事物业服务行业的人，应了解不同国家的民风或礼仪知识，在接待中一定要注意这些小细节。

第二节　物业手续办理

一、搬入搬出手续办理

业主搬出／入小区时，如业主搬家、搬运大件物品，装修单位搬运机具，外来维修单位搬运工具等，物业管理处应为其办理相关手续，发放放行条。

1. 办理搬出放行条

（1）业主若将物品搬出小区，应到管理处客服中心办理手续。客服人员应核对业主身份，并记录身份证号码。若不是业主本人办理物品搬出手续，需有业主的书面说明或电话征得业主同意。客服人员应填写搬出／入登记表（见表3-3），开具放行条（见表3-4），并通知保安员。

表3-3　搬出／入登记表

姓名	住址	拟搬时间	搬运人	搬运人证件号	搬运人联系电话	有无欠费情况	意见	放行条号

表3-4 放行条

房号： 年 月 日

物品名称 （大件）	型号	数量	业主或 经办人姓名：		
			证件号：		
			联系电话：		
			搬运车辆车牌号： （保安员填写）		
			保安员：		
费用交纳情况：			签发人：		

注：此条由保安员检查。

（2）业主若迁出小区居住，需提前到管理处客服中心办理手续。客服人员应询问业主房号，核对姓名，记录业主身份证明号码，详细检查其管理费、水电费、车位使用费等费用是否交清。如为租户搬出，应由业主提供相应的证明，或由客服人员电话联系业主征得同意。客服人员应填写搬出/入登记表，签署搬出放行条，并通知保安员放行。

2. 办理迁入放行条

业主迁入时，应在客服中心办理相关手续，并由客服中心开具搬入放行条。若为租户搬入，应由业主出具证明，并由租户在客服中心办理相关手续，由客服中心开具搬入放行条。客服人员还应填写搬出/入登记表。

业主或租户搬入时，保安员应查看放行条并给予放行。

3. 装修单位、外来作业单位搬运

装修单位、外来作业单位搬运机具时，客服中心应核实装修或作业地点，并记录搬运人身份证明号码，开具放行条。

> 请牢记：
>
> 客服人员在为业主办理搬出/入放行条时，要提醒业主：使用电梯应避开高峰期；尽量不占用消防通道停车，实在无法避免的，停车不得超过30分钟；应保持环境卫生，爱护公共财产，损坏公共设备应照价赔偿。

二、车位租赁手续办理

1. 固定车位的租用

对于固定车位的租用，客服人员应按图 3-5 所示的步骤办理。

2. 非固定车位的租赁

业主携带相应的资料（与固定车位租赁的资料相同）到管理处申请车位租用，客服中心查验资料后，由收款员向其收取车位租用费，并发放 IC 卡。范本 3-01 是某物业管理处的车位租赁合同，仅供参考。

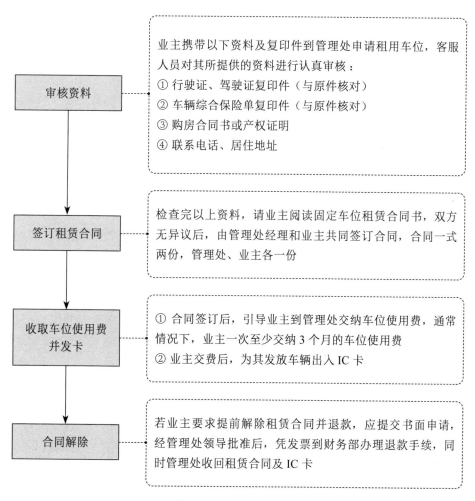

图 3-5　固定车位的租用

【范本 3-01】▶▶▶ --

车位租赁合同

甲方：（出租人）

乙方：（承租人）

甲乙双方就小区停车位租赁事宜达成如下协议。

一、甲方向乙方提供 ×× 花园(大厦)停车位一个,车位号码：_____；乙方车牌号：_____, 车身颜色：_____。

二、租用期及车位租金：自____年____月____日至____年____月____日共____个月,月租金为_____元（人民币）,乙方应于每月 30 日前交付下个月的车位租金。

三、租约期满,乙方若需继续租赁车位,应在协议到期前 15 天到管理处办理租赁手续,否则协议自动终止。

四、租约到期后,乙方未办理续租手续仍使用车位的,甲方应按当地物价局的有关标准收费,乙方不得以任何理由拒付车位费,否则甲方有权收回车位。

五、乙方应遵守甲方停车管理规定,不得乱停乱放、占用道路或车位,进入小区停车库必须服从保安员的指挥,并凭业主证、住户证刷卡出入,否则保安人员有权不予放行。乙方业主证、住户证若遗失,应及时到服务中心报失,否则对于乙方车辆丢失,甲方不负任何责任。

六、甲方必须保证车位正常使用,如因设备原因造成乙方经济损失,应进行合理赔偿。

七、本协议一式两份,甲乙双方各执一份,均具有同等法律效力。本协议自双方签字之日起生效。

甲方：   乙方：

电话：   电话：

日期：   日期：

三、业主投诉的接待预约手续办理

对于业主的投诉，客服人员要热情接待，耐心听取业主的诉求并做好安抚工作，尽量不要把矛盾激化。若业主要见物业管理处经理，客服人员要提前预约。

1. 填写投诉接待预约表

客服人员应认真填写投诉接待预约表，写明投诉事项、投诉理由等。

2. 整理有关资料

（1）业主资料：姓名、房号、投诉时间、投诉内容及要求等。

（2）处理情况：职能部门的调查情况、处理意见，解决了什么问题，尚有什么问题未解决等。

3. 提交预约表，确定接见时间

（1）把预约表和资料送交物业管理处经理，请物业管理处经理确定接见时间。

（2）将接见时间告知业主。

4. 跟踪处理

根据物业管理处经理的意见，跟踪处理，直至落实。

四、水牌制作

为保证写字楼的外观整洁，物业管理处应按标准尺寸统一制作业主公司的水牌、招牌。

（1）业主到客户服务中心填写公司水牌申请表并加盖公章，同时出示营业执照副本或外国企业的常驻代表机构登记证、社团法人登记证等有效证件。

（2）客户服务中心核对公司水牌申请表中内容是否与业主出示的有效证件相符。如不相符，将资料退回业主。

（3）申请资料审核完毕后，业主到收费处交费。

（4）安排制作商制作水牌。

（5）收到水牌，与申请资料核对后，安排安装。

【范本3-02】▶▶▶ --

公司水牌申请表

公司房号：

业主公司名称：

联系人及电话：

1. 水牌中文名称：

   英文名称：

2. 制作水牌类型：（打"√"选择）

   □大堂水牌　　□楼层水牌　　□公司招牌

3. 公司招牌样式：（请注明字体及颜色，若需在水牌上显示公司标志，请附上有关资料）

公司签名（盖章）：
年　　月　　日

注意：

　　①水牌收费如下：

　　大堂水牌＿＿＿＿＿元；楼层水牌＿＿＿＿＿元；公司招牌＿＿＿＿＿元。每个业主一般只允许制作大堂水牌、楼层水牌、公司招牌各一块

　　②办理水牌申请时，应出示营业执照副本或外国企业常驻代表机构登记证、社团法人登记证等有效证件，且所报公司名称、地址必须与营业执照副本或有效证明的内容相符

　　③请将水牌内容书写或打印在表上，字体要端正清晰，名称要准确

　　④请填妥表后到服务中心交费

　　⑤为保持大厦的统一形象，未征得物业管理处的同意，业主不得擅自选料制作或拆除水牌

五、场地证明手续办理

在物业管理工作中，客服人员常会为业主出具场地证明。这类事务看似简单，但如果不谨慎对待的话，很可能惹来麻烦，甚至惹来官司，所以客服人员一定要按手续严格办理。

1. 业主办理场地证明

（1）客服人员接到场地证明办理申请时，首先要核实申请人的身份是业主还

是业主授权的代理人，业主要出示产权证明，代理人要出具有业主签名的授权书。

（2）申请人应提交书面的申请书，说明办理场地证明的原因，申请书上要有业主或代理人的签名。

（3）客服人员填写业主证明，并附上申请书，呈交客服主管盖章。

（4）将业主证明文件复印，原件交业主签收，复印件连同申请书存入档案。

（5）经客服主管批准后，为业主出具证明。

2. 租户办理场地证明

（1）客服人员接到租户的申请时，要核对租户资料。

（2）租户应提交书面的申请，说明办理场地证明的原因，并加盖租户公章。

（3）客服人员填写租户证明，并附上申请书，呈交客服主管盖章。

（4）将租户证明文件复印，原件交租户签收，复印件连同申请书存入档案。

（5）经客服主管批准后，为租户出具证明。

六、会议室租借手续办理

有的物业（写字楼、商业楼宇）管理处可以利用物业的配套设施，如会议室，提供有偿便民服务，而这项业务的办理也是在客服中心完成的。

1. 业主资格审核

会议室通常提供给本辖区业主进行员工培训或召开会议，不允许进行传销、产品买卖等行为。

2. 办理流程

（1）业主填写临时租借会议室申请表并加盖公章。

（2）客服中心收到申请后，递交相关领导审批，通常100人以下使用，由客服中心经理审批，100人以上使用，由保安部审批。

（3）租借申请获得批准以后，客服中心通知业主交费。

（4）通知保安部、保洁部等职能部门，在会议室借用期间，做好相关服务。

（5）派专人负责会议现场管理。引导业主按指定通道进出会议室，并阻止违反会议室使用规定及物业规章的与会者。

七、IC 卡业务办理

1. IC 卡管理要求

（1）IC 卡只为本小区业主及业主确认的常住人员办理。

（2）业主应亲自办理或开具书面证明委托他人办理 IC 卡。

（3）IC 卡作为业主进入小区的身份识别，只限本人使用，不得转借。

2. IC 卡办理流程

业主及其家人在申办 IC 卡时，需提供身份证复印件、一寸彩色照片。

3. IC 卡领取

业主领卡时需在领卡登记表上签字确认，并注明日期。

4. IC 卡授权管理

（1）业主办理 IC 卡时，客服人员应先查看资料，确认此业主 IC 卡的数量及卡号，并请业主在 IC 卡领取登记表（见表 3-5）上签名确认。

（2）如业主将 IC 卡丢失，应重新补卡，客服人员应记录新卡号，并请业主签字确认。

（3）进入门禁卡操作系统，刷读并授权 IC 卡。

（4）选择门卡类型，设置期限（有效期一般两年），并输入业主姓名及有效门禁号。

（5）选择所需的门禁编号，然后按确定键，并刷读 IC 卡一次。

（6）核对 IC 卡内容，按确定键，IC 卡授权完成。

表 3-5　IC 卡领取登记表

房间号	业主姓名	门禁卡号	业主签字	签收日期

八、专用货梯使用手续办理

为了避免业主因运送物品而损坏电梯、污染电梯环境及危及电梯内乘客安全，物业管理处通常会设置专用货梯。业主因装修或搬运大件物品需较长时间使用货梯时，应提前向客服中心申请，以便物业管理处合理安排运送时间。

1. 办理专用货梯使用手续

（1）业主填写专用货梯使用申请表。若搬出大件物品，业主还应办理物品放行手续。

（2）由客服主管审批。用梯高峰期一般不允许使用专用货梯。

（3）将申请表复印一份，原件由业主交电梯管理员开梯，复印件由客服中心存入业主档案。

2. 货梯使用的监管

（1）货梯的使用

① 不得运送危险物品、超长物品（2米以上），不得超载（1000千克以上）。

② 液体货物需用容器装好，以防泄漏。

③ 粉状货物需用密封袋装好，以防外泄。

④ 尖锐货物应包装好，以免划坏电梯。

（2）用完后的验收

货梯用完后，由电梯管理员验收。若业主在使用过程中损坏电梯，应作出相应的赔偿。

九、拾遗或业主失物认领手续办理

物业管理处员工在拾到物品后，应马上联系客服中心，由客服中心通知巡楼保安员协助查找失主。失主应凭身份证到客服中心办理认领手续。如果找不到失主，管理处应把失物名称张贴在公告栏上，以方便查找。

1. 业主报失

（1）接到业主报失后，客服人员应详细记录业主房号、姓名、电话，遗失物品时间，遗失物品名称、款式、型号等资料，并将这些资料转交巡楼保安，以便协助查找。

（2）如失物找回，应通知业主到客服中心办理认领手续；如失物未能找回，也要回复业主。

2. 拾遗上报

（1）如有人上报拾遗物品，客服人员应先将拾遗人的姓名、联系电话、物品名称、拾遗日期等内容填写在失物移交记录表上（如表3-6所示），连同失物一起保存。此表应复印一份存档。

表3-6　失物移交记录表

拾遗人姓名		房号	
联系电话			
物品名称			
拾遗地点		拾遗时间	
失主姓名		证件号码	
失物描述：			
失主签收： 日期：		客户服务中心经办人： 日期：	

（2）制作"失物招领启事"，张贴于各公告栏上。

（3）失主认领时，客服人员应审核其有效身份证明，并请失主描述遗失物品的详细情况，以确保失物不被冒领。失主认领物品时，应在失物移交记录表内签字。

第三节　业主回访管理

物业管理处要想做好物业服务工作，应加强与业主的联系，及时为业主排忧解难。同时，不断总结经验教训，集思广益，提升管理水平，提高服务质量。物业管理处应安排客服人员定期开展回访工作。

一、投诉回访

（1）回访时应虚心听取业主意见，诚恳接受批评，并做好回访记录。回访记录应由专人负责保管。

（2）回访中，如对业主提出的问题不能立即答复，应告知答复时间。

（3）客服人员接（听）到业主的意见、建议或投诉时，应及时反馈给部门领导或回访管理人员，并认真做好记录。对不属于本部门职责范围的事项，应及时呈报上级部门处理。

（4）回访后，对业主反馈的意见、要求、建议，应及时整理，快速反应，妥善解决；重大问题应向上级部门请示。对业主反映的问题，要做到件件有着落、事事有回音，回访处理率达到100%，将业主投诉率控制在1%以下。

（5）接到业主投诉后，客服人员应向其表示歉意，并做好业主投诉登记。对于重大的投诉，部门领导应组织相关人员向业主进行检讨和说明，并确定解决措施、责任人及处理期限。

（6）对业主投诉必须做到100%回访，必要时可进行多次回访，直至业主满意。

二、维修回访

秉着对业主负责的态度，维修工作完成后，一定要进行回访。

1. 维修回访的内容

（1）实地查看维修项目。
（2）向在维修现场的业主了解维修人员的服务情况。
（3）征询改进意见。
（4）核对收费情况。
（5）请被回访人签名。

2. 维修回访的原则

小事、急事当时或当天解决。如果同时有若干急事，应如实向业主汇报，共同协商解决时间。一般的事情，当天有回音，3天内解决；重大事情，3天有回音，7至15天解决。维修后当时看不出维修效果或可能再出现问题的，应进行多次回访；维修效果很明显或属正常低值维修的，可进行一次性回访。

3. 维修回访的语言规范

回访工作可以采取上门拜访、实地查看的方式，也可以采取与业主电话沟通的方式。无论以何种方式进行，用语要规范，声音要温和，表达要清晰。

以下是一些常见的回访用语。

"您好，我是××物业××管理处的员工，今天来回访，请问您对××的维修服务是否满意？"

"先生（女士），您家的水龙头现在还漏水吗？××的维修服务，您满意吗？"

"先生（女士），您在电话中反映的有关维修人员乱收费的情况，我们已做了调查与处理，今天特来回访，与您沟通一下。"

4. 维修回访的时间要求

回访时间一般安排在维修后的一星期之内，如安全设施维修，2天内回访；漏水项目维修，3天内回访。每个物业管理处都会有相应的规定，某知名物业企业对维修回访作出如下规定。

（1）对危及业主生命、财产安全的问题，如天花板掉落、墙体裂缝严重、灯罩松动、橱柜倾斜、电器外壳带电等，应马上给予处理。处理后，一周内进行回访，并视情节轻重采取不定期跟踪回访。

（2）房内墙角、天花板出现渗水现象，维修人员接到通知后，应马上到现场查明原因，并在2日内给予解决，维修后第二天进行回访。如是雨水造成的损坏，应在下雨后马上进行回访。

（3）洗菜盆、洗脸盆、坐厕或其他管道堵塞或漏水，应当日解决，次日回访。

（4）电视机、录像机、电冰箱、电烤箱等家电出现问题，应当天检查，如属简单维修，应在维修后的第二天进行回访。

（5）业主的电视收视效果差时，应马上与有关单位联系，2日内予以解决，次日回访。

（6）业主房内墙出现裂缝，但不危及生命或影响正常生活的，可与有关单位联系，3日内予以解决，5日内回访一次，一个月内回访第二次。

> **请牢记：**
> 维修回访人员应在每日上午上班时认真检查维修记录，确认当日应回访的业主，以确保回访工作的准时性。

5. 回访问题处理

一般而言，对回访中发现的问题，应在24小时内书面通知维修人员进行整改。

三、上门回访的安排

虽然现在是信息时代，大家可以打电话、发微信沟通，但始终难以取代面谈的地位，因为双方的情绪、眼神、肢体语言、面部表情可以相互感染和影响，一杯热茶、一抹微笑可以化干戈为玉帛，有着其他方式无法比拟的优点。但面谈也并非十全十美，当双方观点不一致或关系出现僵局时，沟通稍有不慎反而会导致矛盾升级。

1. 人员安排

回访业主时应注意一些问题，例如，回访通常由两个人组成一个小组，人多了可能会给业主造成心理上的压力；小组成员通常是一男一女，不管业主是男是女，这样都不会引起尴尬和不便，成员之间也有了照应和见证。

2. 回访的时间安排

（1）回访的时间安排在业主下午下班后较为合适，占用业主休息时间也是不尊重对方的表现。

（2）回访的时间长短要适宜，太短达不到效果，太长会影响业主的正常生活，通常以 20 ～ 30 分钟为宜，当然也不能一概而论。

（3）回访应提前预约，不能给业主带来突然袭击。

四、注重回访的细节

1. 见面问候时最好称呼姓氏

客服人员进入业主家时，通常会说："您好，见到您很高兴。"但如果换成："×先生，您好，见到您很高兴。"效果会更好些。因为后者比前者更亲切热情。

2. 如果业主没请你坐下，你最好站着

客服人员进入业主家时，如果业主没让坐下，最好不要自己坐下。

3. 不要急于出示随身携带的资料

只有在交谈中提及且引起业主兴趣时，才向业主出示随身携带的资料。同时，回访前要做好充分的准备，预先考虑业主可能会提出的问题，以便向业主详细解释或说明。

4. 主动谈话，节约时间

客服人员在回访时，应该主动开口，表述简洁准确，不要占用业主过多的时间，以免引起业主反感。

5. 时刻保持热情

客服人员在回访时，如果对谈话没有足够的热情，那么，业主也可能会失去谈论的兴趣。

当业主因为某些问题而情绪激动不配合工作时，客服人员应提早结束回访，以免未能解决原有问题，又产生新的问题。

6. 学会倾听

客服人员进行回访时，不仅要学会说，还要学会倾听。听有两个要求，首先要给业主留出说话的时间；其次要听话听音。当业主在说话时，最好不要打断他，让他把话说完。客服人员应利用恰当的时机给予响应，以表明自己在认真倾听。

不能认真聆听别人说话的人，也就不能很好地回答对方的问题。不论是在社交场合，还是在工作中，善于倾听都是一个人应有的素养。

7. 避免不良的动作和姿态

客服人员在回访时，应保持端庄得体，不做无关的动作或姿态，如玩手中的小东西、用手理头发、剔牙齿、掏耳朵、弄指甲、盯着天花板或对方身后的字画等，这些动作都有失风度。

客服人员也不能故作姿态，卖弄亲近，俚语和粗话更应避免。

8. 要善于总结，学会清楚地表达

客服人员在说话时，应表达清晰准确，善于概括总结。不会概括的人，常令对方不明所以；叙事没有重点、思维混乱的人，会使对方茫然无绪。客服人员应注意自己说话的语气和语调，要保持清晰，语速适中，语调平稳。

9. 注意衣着和发式

客服人员要时刻记住，自己代表着物业公司，体现了公司的形象，千万不要给人一种不整洁的印象，这样无助于解决问题。

10. 避免过度关心和说教

客服人员应该避免过度的关心和说教，应表达出真诚的沟通意愿。

11. 注意告别

客服人员回访结束时，要带好自己的随身物品，如公文包、资料等，告别语一定要适当并简练，千万不要在临出门时又引出新的话题。

第四节 业主意见征询

一、征询的内容

业主意见征询的内容可以根据具体的征询目的和小区情况而定，通常包括表3-7 所示内容。

表 3-7 业主意见征询的内容

序号	征询项目	征询内容
1	物业服务质量	业主对物业服务的质量和态度是否满意，包括保洁、安保、维修、绿化等方面
2	设施设备情况	小区的设施设备是否正常运行，是否存在损坏或需要维修的情况，如电梯、门禁、空调等
3	安全管理情况	小区的安全管理是否到位，是否存在安全隐患或需要改进的地方，如消防设施、监控设备、巡逻频次等
4	环境卫生情况	小区的环境是否整洁，垃圾处理是否及时，绿化是否美观等
5	业主委员会的工作	业主对业主委员会的工作是否满意，包括工作透明度、决策效率、沟通能力等方面
6	其他意见和建议	业主对小区其他方面是否有意见和建议，如社区文化活动、停车位管理、公共设施等

二、征询的步骤

业主意见征询的步骤如图 3-6 所示。

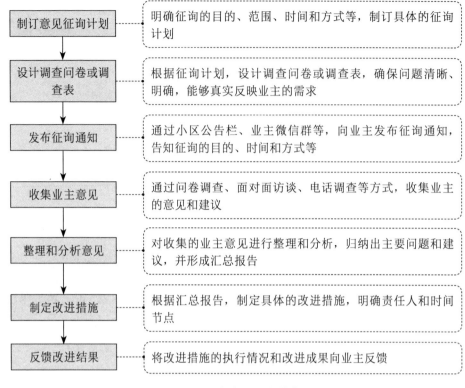

图 3-6　业主意见征询的步骤

三、征询的方法

1. 问卷调查法

可通过设计调查问卷，向业主征询意见和建议。调查问卷应包括选择题、填空题、开放性问题等，以确保信息的全面性。

2. 访谈法

通过与业主面对面交流，可深入了解他们的需求和意见。物业管理处可以在小区内设立访谈点，也可以安排人员上门访谈。

3. 电话调查法

通过电话向业主征询意见，适合无法面对面交流的业主。电话征询意见时需要注意时间、语气和问题的设置，以免给业主带来不便。

4. 网络调查法

通过小区官方网站、微信公众号等网络平台，向业主发布调查问卷或发起投票，也可收集业主的意见和建议。

请牢记：

在进行行业主意见征询时，物业公司需要确保征询过程公正、透明和有效，并尊重业主的隐私和权益，以免对业主造成干扰。同时，物业公司应根据业主的意见和建议，持续改进服务质量和提升业主满意度。

【范本3-03】▶▶▶---

业主意见征询问卷

尊敬的＿＿＿＿＿＿＿＿＿＿：

为了不断提高我们的物业服务水平，现诚恳邀请您对我们的工作进行评价，并提出宝贵的建议和意见。对于您的建议与意见，我们将认真分析，以便改进我们的工作。

谢谢！

＿＿＿＿＿＿管理处

年　　月　　日

调查项目	业主意见		
治安消防管理	□满意	□一般	□不满意
环境卫生管理	□满意	□一般	□不满意
绿化管理	□满意	□一般	□不满意
公共设施管理	□满意	□一般	□不满意
维修服务	□满意	□一般	□不满意
服务态度	□满意	□一般	□不满意
社区文化建设	□满意	□一般	□不满意
交通车辆管理	□满意	□一般	□不满意
紧急事件处理	□满意	□一般	□不满意
其他	□满意	□一般	□不满意
业主意见与建议：			

签名：　　　　　　　　联系电话：　　　　　　　　日期：

第五节　费用催收服务

一、拖欠费用的种类

物业管理服务中，业主可能拖欠的费用包括管理服务费、水电费、本体维修基金、停车场使用费等。

二、催收工作要求

（1）当上月费用被拖欠时，客服人员可以填写费用催收通知单，并分发给收费员，由收费员向各欠费的业主催收。

（2）当第二个月费用仍被拖欠时，客服人员应再次发放费用催收通知单，并限业主3天内交清费用。

【范本3-04】▶▶

费用催收通知单

尊敬的_____业主（用户）：

您户（单位）____月份应付各项费用为人民币_____元。因您所提供的账户存款不足，我公司迄今无法收到您户（单位）的款项，请您户（单位）接到此通知后，于____年____月____日前到管理处客户服务中心交费，谢谢合作！

特此通知。

查询电话：_____

管理处签章：

年　　月　　日

（3）对欠费大户，物业管理处经理、客服主管、收费员等应亲自登门拜访，做好解释和劝导工作。上门拜访时，客服人员应持有书面的欠费说明及欠费明细表（见表3-8），并由欠费业主签字认可，双方各持一份。

表 3-8　物业服务费欠费明细表

管理处：　　　　　　　　　　编号：　　年　　月

序号	楼号/房号	欠费金额	欠费时段	欠费原因	已催收形式

注：本表每月＿＿＿日上班前交管理处经理。

（4）若业主长期欠费超过一年，物业管理处可依据相关法律法规对其提起诉讼，利用法律手段强制收费。

（5）如果业主确有困难，物业管理处可延期 1 ～ 2 个月。

物业管理处成功追回拖欠的管理费

　　某公司入驻某商城后，便不按时交纳管理费，甚至把交纳管理费作为筹码，以达到某种目的。一年后，其累计欠费达 35 万元之多。其间，管理处有关人员多次上门催收未果。

　　为了解决这一问题，该商城管理处收费员一方面主动与政府有关单位保持联系，全面反映该公司的情况；另一方面盯住该公司老板，说明管理处的经济情况，求得该公司的支持。在赢得了该公司的理解和信任后，管理处提出了适当减免滞纳金、分期付款等优惠条件。最后双方达成了一致，自约定之日起该公司分期交纳拖欠的费用。10 个月后，该公司拖欠的管理费已全部交清。

三、停车费的催收

（1）客服中心收款员每月应检查停车费的交纳情况，列出停车费到期未交的业主及车辆清单，并交保安主管，由保安主管安排保安员通知车主到客服中心交费。

（2）对于未交停车费已超过两个星期的车主，客服中心应填写车位使用费催收通知单，由保安员送交车主。

【范本3-05】▶▶ ---

车位使用费催收通知单

尊敬的＿＿＿＿＿＿业主（用户）：

您户（单位）牌号为＿＿＿＿＿＿的车位使用费已于＿＿＿年＿＿＿月＿＿＿日到期，请您于＿＿＿年＿＿＿月＿＿＿日至管理处客户服务中心交费，谢谢合作！

特此通知。

查询电话：＿＿＿＿＿＿＿＿＿

管理处签章：

年 月 日

第六节 社区文化建设

社区文化工作是物业管理处为业主提供的一项重要的增值服务。一个小区如果拥有良好的生活环境和文化氛围，将会使物业公司的品牌知名度得到进一步提升。

一、社区文化活动需求调研

社区文化活动应该百花齐放，以满足不同层次业主的兴趣爱好，兼顾不同类型业主的文化品位。这就要求客服人员充分做好社区文化调查工作，弄清业主需要什么样的文化服务，愿意参加什么样的社区文化活动。

社区文化活动需求调研是社区文化活动策划的第一步。社区文化活动需求调研的方法与其他延伸服务的方法相同，物业管理处可采用业主调查问卷或访谈等方法。

二、社区文化宣传

客服人员可以利用表3-9所示的措施和手段来进行社区文化宣传。

表 3-9　社区文化宣传的措施和手段

序号	措施 / 手段	举例说明
1	宣传栏、告示栏	每月出版一期宣传栏，图文并茂地将宣传内容展现给业主 在每栋大厦入口处设置告示栏，将一些通知、提示等及时告知业主，从而与业主形成良好的沟通氛围
2	报刊媒介	订阅相关报纸、杂志，供业主免费阅览，以便其了解相关政策法规和社会新闻
3	VI 标志系统	通过 VI 标志系统（Visual Identity，视觉识别）宣传物业公司的品牌形象以及相关规定，如提醒业主爱护小区花木
4	信息发送屏	在小区的信息发送屏，推送一些紧急通知，同时发送一些天气预报、生活常识、重大事件等内容
5	散发传单	以传单的形式向业主散发宣传资料，以达到及时沟通和了解的目的
6	回访、座谈	按要求对业主进行回访，以便及时了解业主的需求。同时在小区内张贴物业公司投诉电话及网址，将一些矛盾消灭在初始状态 定期举办一些座谈、宣讲活动，加强对物业管理法律法规、业主公约、业主委员会职能、各项管理制度等的宣传
7	背景音乐系统	在小区绿化隐蔽处安装音响设备，可以播放一些音乐，让业主尽情享受家的温馨和快乐。同时也可为业主播放一些紧急通知
8	其他	除了上述宣传手段外，还可以通过文化活动、竞赛等途径开展宣传工作，如通过环保知识竞赛让业主了解一些环保知识；通过消防演习宣传火灾应急处置流程

三、社区文化活动方案编写

每次开展社区文化活动，客服人员都应提前编写实施方案。

1. 制定社区文化活动方案应考虑的因素

制定社区文化活动方案需考虑的因素很多，具体如表 3-10 所示。

表 3-10　制定社区文化活动方案需考虑的因素

因素	具体措施
人员配备	物业管理企业可下设社区文化人员，负责社区文化活动的开展和社区文化建设 （1）社区文化人员负责社区文化活动的整体工作，从策划、实施到总结 （2）客服主管可协助工作 （3）也可聘请部分热心业主（5～7人），共同参与社区文化活动
活动场地	（1）物业管理企业可安排一间办公室作为日常办公地点和联络场所 （2）社区内规划出的户外活动场地 （3）社区中心广场 （4）附近中小学的操场或教室 （5）社区内的图书馆（室），也是学习交流的极佳场所
经费来源	（1）物业管理企业拨出专项经费 （2）适当地收费 （3）寻求个人或相关企业赞助 （4）活动受益人集资
相关规范	社区文化活动能否正常有序地开展，还要有一套有效的运作规范作为保障。社区文化人员在活动策划时就应充分考虑，如何建立完善的运作规范

2. 社区文化活动方案的内容

通常，社区文化活动方案应包括以下内容：时间、地点、主题、形式、活动邀请对象、活动组织安排、活动后勤保障、活动费用测算、活动费用来源及其他相关事宜。

3. 社区文化活动方案的格式

社区文化活动方案的格式如表 3-11 所示。

表 3-11　社区文化活动方案的格式

序号	项目	基本要求
1	标题	如"××活动计划"或"××活动方案"
2	开篇	明确活动的开展目的，也可以列出协办单位
3	正文	（1）活动的时间 （2）活动的地点、报名方法、报名时间等 （3）活动的项目和开展程序 （4）活动的注意事项
4	落款	方案制作部门或制作人签名、日期

4. 社区文化活动方案的调整

如因特殊情况需要调整社区文化活动方案，应及时将书面的调整说明和调整后的社区文化活动计划报领导审核。

下面提供一份某物业管理处的社区文化活动方案，仅供参考。

【范本 3-06】▶▶▶ --

"迎春节" 社区文化活动方案

春节是中国人的传统节日，在老百姓心中具有重要的地位。为了活跃小区气氛，拉近与业主的关系，管理处将开展歌舞晚会、钓鱼、套圈、卡拉 OK、猜谜等多项娱乐活动，具体方案如下。

一、组织人员

活动策划:(略)

活动总指挥:(略)

活动成员:(略)

后勤保障:(略)

二、时间安排

元月 23 日 15:30 至 17:30。

三、主要分工

1. 杨 ×× 负责歌舞晚会的策划、组织与实施。

2. 主持人:李 ××。

3. 管理处不当班员工担任活动工作人员。

4. 活动的后勤保障、报名接待、购买奖品及活动宣传由陈 ×× 负责。

四、场地安排

小区会所。

五、活动内容

1. 组织有文艺特长的老年人进行歌舞表演，包括太极拳、剑术、秧歌、二胡演奏等（时间约为 1 小时，负责人王 ××）。

2. 套圈:同公园内的套圈项目相同，物品为可乐、玩具小汽车、公仔、车用纸巾等（×× 公司赞助）。

3. 猜谜活动:在活动中心现场悬挂一到两百条谜语（事先由管理处制作），业主猜中后可拿着纸条到服务处领取奖品。

六、奖品设置

当天活动参加人员均有小礼品相送。

七、费用预算

序号	物品	单位	数量	单价（元）	合计（元）
1	闪光彩灯	条			
2	红灯笼	个			
3	礼品（老年人纪念品）	盒			
4	铅笔、圆珠笔、文具	批			
合计					

×××物业管理有限公司

×××管理处

××年××月××日

四、社区文化活动的开展

1. 社区文化活动宣传

社区文化活动开展前，应做好小区业主的动员工作，提高业主的参与热情。

（1）动员积极分子参与。客服人员平时就要了解业主有哪些特长与爱好，征求他们对社区文化活动的意见，并邀请他们参与活动的策划、组织与实施。社区文化积极分子名单如表 3-12 所示。

表 3-12　社区文化积极分子名单

序号	姓名	爱好或特长	房号	联系电话	备注

（2）将活动广而告之。开展社区活动，应让所有业主知晓，可以在公告栏张贴活动通知，或者向业主发送邀请函。

2. 社区文化活动现场的控制

（1）保安员应在活动现场维护秩序，确保活动现场的安全。

（2）应对活动过程进行录像保存，同时采访部分业主，获得他们对活动的评价。

3. 社区文化活动结束后的工作

（1）社区文化活动结束后，要组织人员对活动现场进行及时清理，并填写社区活动记录表，对活动进行记录。

（2）客服人员对活动效果进行评估及总结。

五、社区宣传栏的管理

1. 宣传栏的管理

物业管理处可通过宣传栏的宣传，达到丰富业主生活、赞美新人新事新风尚、揭露不良现象及丑恶行为的目的。

（1）宣传内容应有针对性，如重大节日宣传庆贺、特殊事件及时告诫等。

（2）每一期的宣传内容都应该安排专人提前策划、准备，绝不能"粗制滥造"，最好月月有更新、内容有创新，着重宣扬小区的"真、善、美"，使之成为小区一道亮丽的风景线。

（3）对有损小区形象及不符合要求的宣传内容要及时予以纠正。

（4）应对每期的宣传内容进行编号和登记，记录出版日期、内容等，并拍照留存。

2. 宣传栏的内容

宣传栏的内容可以从 3 个方面着手，具体如表 3-13 所示。

表 3-13　宣传栏的内容

序号	要求	详细说明
1	宣扬小区新气象，反映业主身边的新事物	既要结合当前国际形势，注重政治性和思想性；又要及时反映小区业主文化生活、物业员工的工作状态等
2	生活保健、日常起居及旅游指南等知识	在物业管理中，老年人和小孩是主要的服务对象。因此，每一期的宣传应包含生活保健、日常起居及旅游指南等内容。同时，还要添加一些娱乐性、趣味性的内容
3	业主心声、新闻实事等内容	在每一期的宣传中增添一些业主心声、新闻实事等内容，可拉近与业主的距离

3. 宣传栏的设计要求

宣传栏的设计要求如图 3-7 所示。

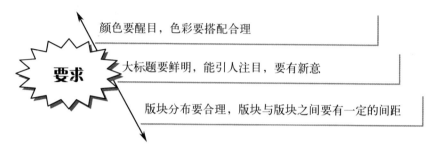

图 3-7　宣传栏的设计要求

学习笔记

通过学习本章内容，想必您已经有了不少学习心得，请详细记录下来，以便后续巩固学习。如果您在学习中遇到了一些难点，也请如实记下来，以便今后进一步学习，彻底解决这些问题。

我的学习心得：

1. _____
   _____
2. _____
   _____
3. _____
   _____
4. _____
   _____
5. _____
   _____

我的学习难点：

1. _____
   _____
2. _____
   _____
3. _____
   _____
4. _____
   _____
5. _____
   _____

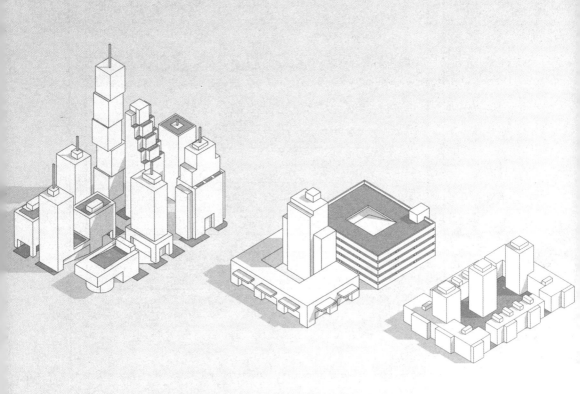

第四章
Chapter four

物业客服有效沟通

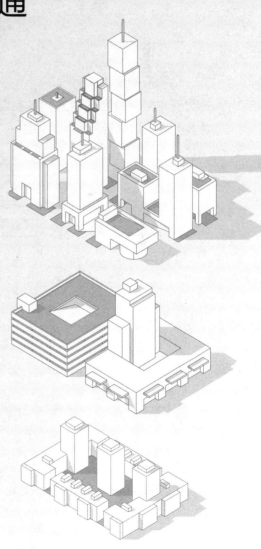

物业客服有效沟通有助于提升业主满意度、促进和谐社区建设、提高物业服务质量和工作效率，因此，客服人员应不断提高自身的沟通能力和业务技能，以更加专业、高效、贴心的服务，赢得业主的信任和支持。

第一节 多渠道客服沟通

一、电话沟通

电话沟通是物业管理中最常用、最频繁的沟通方式。通过电话，业主可以与物业管理处保持密切联系，客服人员也可以及时收集、处理业主的需求和意见。客服人员利用电话与业主沟通的要点，如图 4-1 所示。

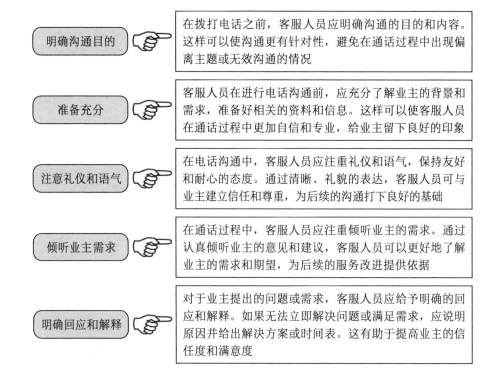

明确沟通目的	在拨打电话之前，客服人员应明确沟通的目的和内容。这样可以使沟通更有针对性，避免在通话过程中出现偏离主题或无效沟通的情况
准备充分	客服人员在进行电话沟通前，应充分了解业主的背景和需求，准备好相关的资料和信息。这样可以使客服人员在通话过程中更加自信和专业，给业主留下良好的印象
注意礼仪和语气	在电话沟通中，客服人员应注重礼仪和语气，保持友好和耐心的态度。通过清晰、礼貌的表达，客服人员可与业主建立信任和尊重，为后续的沟通打下良好的基础
倾听业主需求	在通话过程中，客服人员应注重倾听业主的需求。通过认真倾听业主的意见和建议，客服人员可以更好地了解业主的需求和期望，为后续的服务改进提供依据
明确回应和解释	对于业主提出的问题或需求，客服人员应给予明确的回应和解释。如果无法立即解决问题或满足需求，应说明原因并给出解决方案或时间表。这有助于提高业主的信任度和满意度

| 记录沟通内容 | | 在通话结束后，客服人员应简要记录沟通的内容和结果，以便后续跟进和处理。这样可确保沟通的有效性和持续性，避免出现遗漏或误解等情况 |
| 后续跟进 | | 根据沟通的结果和业主的需求，客服人员应制订相应的计划并付诸实施。这样可体现物业管理的专业性，同时也有助于提高业主的满意度和忠诚度 |

图4-1　利用电话与业主沟通的要点

 请牢记：

此外，客服人员还可以采取一些其他的措施来增强电话沟通的效果，例如：

在电话沟通前，可以通过短信或邮件向业主发送沟通时间和主题，以便业主提前准备。

在通话过程中，可以称呼业主的姓氏，以增加亲近感。

对于一些重要或复杂的问题，可以在通话结束后发送邮件或短信进行确认和总结，以确保双方对沟通内容有正确的理解。

遵循以上步骤和建议，客服人员可以更好地利用电话与业主进行沟通，与业主建立更加紧密和信任的关系，提高服务质量和满意度。

 案例

接待员礼貌耐心地接待业主咨询

某日，业主沈先生来到物业服务中心，接待员小刘立刻起身相迎，微笑着请他在对面座位就座，同时倒了杯水放在他面前说："您请喝水。"在了解了沈先生是咨询物业管理费构成和支出等问题后，小刘为了能够准确答复，遂找出物业管理相关条例、物业服务费用测算表等相关材料，向沈先生解释。在小刘与沈先生交谈过程中，服务中心又来了一位李先生，小刘立即对沈先生说"对不起，您请稍等"，然后起身迎客。

李先生是来办理装修事宜的，为了不耽误两位客人的时间，小刘立即向物业服务中心主管说明情况，并请求协助接待，然后答复李先生："实在不好意思，我现在正在接待沈先生，我请服务中心主管和您谈好吗？"李先生接受后，小刘随即引导其来到服务中心主管座位前，请其入座，然后回到接待台继续回答沈先生的问题。

在接待业主来访时，工作人员首先要注意礼仪礼节，一定要按标准操作，这与物业服务中心平时的培训是分不开的。其次，及时接待业主也很关键，要让业主感受到被关注，保持轻松愉快的心情，以免节外生枝，使问题复杂化。最后，当业主说明咨询内容后，接待人员应快速判断自己能否准确解答；如果存在困难，应向其他工作人员请求支援，或查阅相关文件资料，尽可能让业主得到满意的答复。

【点评】

业主咨询的接待，有时会因新的情况而被打断，如本案例中又有一位业主需要接待。在此情况下，接待人员应立即判断两项工作中是否有一项可在短时间内完成，如果可以，则让另一位来访者稍等，先处理简单事务；如果两项事务都无法快速处理完，则应该请求其他工作人员支援，协助接待，这样可提高工作效率，节约业主时间，同时避免业主有被冷落的感觉，产生不满情绪。

二、上门沟通

物业客服人员上门沟通时，可以遵循表 4-1 所示的步骤和建议，以确保沟通的有效性和顺畅性。

表 4-1　客服人员上门沟通的步骤和建议

序号	步骤和建议	操作要点
1	明确沟通目的	在上门沟通之前，客服人员应明确沟通的目的和内容。这样可使沟通更有针对性，不会出现偏离主题或无效沟通的情况
2	提前预约时间	客服人员应提前与业主预约沟通的时间，确保在业主方便的时间段上门沟通。这样可以体现出对业主的尊重，同时也有助于提高沟通效率
3	准备充分	客服人员在上门沟通前，应充分了解业主的需求，准备好相关的资料。这样可使客服人员更加自信和专业，给业主留下良好的印象

续表

序号	步骤和建议	操作要点
4	注意礼仪和形象	客服人员上门沟通时，应保持良好的仪表和态度。这样可与业主建立信任和尊重，为后续的沟通打下良好的基础
5	倾听业主需求	在沟通过程中，客服人员应注重倾听业主的需求。以便准确了解业主的建议和期望，为后续工作的改进提供依据
6	明确回应和解释	对于业主提出的问题或需求，客服人员应给予明确的回应和解释。如果无法立即解决问题或满足需求，应说明原因并给出解决方案或时间表。这有助于提高业主的信任度和满意度
7	记录沟通内容	在沟通结束后，客服人员应记录沟通的内容和结果，以便后续跟进和处理。这有助于确保沟通的有效性和持续性，以免出现遗漏或误解等情况
8	后续跟进	根据沟通的结果和业主的需求，客服人员应制订相应的计划并付诸实施。这可体现客服人员的专业性和责任心，同时也有助于提高业主的满意度和忠诚度

通过上表所示步骤和建议，客服人员可以更好地完成上门沟通，并与业主建立更加紧密的关系，从而提高服务质量和业主满意度。

三、网络沟通

1. 利用微信群沟通

物业客服中心可以通过微信群这一社交媒体平台，与业主进行更加便捷和高效的沟通。利用微信群与业主沟通的建议如图 4-2 所示。

建议一　建立微信群并明确目的

首先，物业客服中心应建立一个专门的微信群，邀请所有业主加入。在建群时，应明确该群的作用，例如发布通知、收集意见、组织活动等

建议二　定期发布有价值的内容

客服中心可以定期在微信群中发布有价值的内容，如物业管理动态、社区新闻、安全提示等。同时，也可以分享一些与业主生活相关的信息，如维修技巧、家居装饰建议等

图 4-2

建议三 及时回应业主的问题

客服中心应时刻关注微信群的消息，对于业主的疑问和投诉，要给予积极的回应，以展现客服中心的专业性和责任心

建议四 组织线上互动活动

客服中心可以在微信群中组织线上互动活动，如问答、投票、经验分享等，以促进业主之间的交流。通过这些活动，客服中心可以更好地了解业主的需求和建议，不断提高服务质量

建议五 维护群秩序

客服中心应维护微信群的秩序，确保群内交流积极、健康。对于恶意发言或违反群规的行为，要及时进行管理和干预

建议六 利用其他功能增强沟通效果

客服中心还可以利用微信群的其他功能，如文件分享、小程序等，增强沟通效果。还可以分享物业管理相关的文件，以便于业主查看和使用

图 4-2 利用微信群沟通的建议

 相关链接

业主微信群的负面言论怎么应对

网络媒介具有开放、自由、虚拟、便捷、去中心、弱关系、少约束、低成本等特点，在微信群中尤为明显。

业主微信群里的话题有着很强的不确定性，业主通常会"吐槽"物业管理的各个方面。如果"吐槽"属于善意的提醒、客观的批评，相信绝大多数物业管理企业还是接受的。然而，有相当一部分言论是以偏概全、捕风捉影、添油加醋、夸大其词的发泄、指责、嘲讽、抹黑，甚至诋毁。对于这种非理性的偏激言论，许多物业人都感到气愤，但又无奈。

极端化的表达、交互式的演绎，加上真假难辨的图文、嬉笑怒骂的话术，很容易产生几何级裂变，出现涟漪效应、破窗效应，侵蚀、污化、颠覆物业管理企

业在业主心目中的形象。物业管理企业若抱着清者自清、浊者自浊的态度，而无动于衷，有朝一日就会尝到苦果。

面对以上情况，应该如何解决？

1. 建立应对负面言论的工作机制

物业管理企业应组织建立一整套负面言论的收集汇报、分析研判、引导化解、跟踪反馈制度。还要指定专人进入业主微信群，掌握第一手资料。需要注意的是，在那些对物业管理具有抵抗性的群里，物业人员需保持蛰伏状态，不然很容易被"踢"出来。

2. 加快应对负面言论的速度

物业管理企业要把应对负面言论的工作放在首要位置，在第一时间采取有效的应对措施。

争取在负面言论蔓延、发酵、形成舆论焦点和狂潮之前，消除误解，修复形象，把舆论引到正向的轨道。

3. 把握应对负面言论的基调

物业管理企业要摆正自己的位置和姿态，主动、大胆发声，以真诚负责的态度和敢于担当的勇气，实事求是地厘清和还原负面言论的真相。应不掩饰、不纠缠、不指责、不训斥，不计较，依靠事实、道理、逻辑的力量化解负面言论的风险。

4. 巧用应对负面言论的各种渠道

物业管理企业要针对负面言论的性质和特点，以自己的信誉损失和业主的情感创伤最小为前提，来选择自己的处理方式，可以直接澄清，也可以间接说明；可以自己出面陈述，也可以组织理性、公正的业主回应；可以在业主微信群中表达，也可以利用其他传播渠道以正视听。

5. 建立公关小组

因为业主群内的某个诉求随时可以变成群诉事件，因此公关小组应定期汇总群内业主的问题，并制定相应的处理程序和回复标准。

2. 通过微信公众号与业主沟通

通过微信公众号与业主进行沟通，客服中心可以更加便捷地传递信息、提供服务，并与业主建立更紧密的联系。

利用微信公众号与业主沟通的要点如图4-3所示。

要点一 > **建立微信公众号并优化界面**

首先，客服中心应建立一个专门的微信公众号，并进行界面优化，同时在公众号中设置清晰的菜单和版块，以方便业主快速查找所需信息

要点二 > **发布有价值的内容**

客服中心可定期发布与业主生活相关的内容，如物业服务动态、社区新闻、安全提示、维修知识等。同时，也可以分享一些有趣、实用的生活资讯，以提高业主对公众号的关注度

要点三 > **提供便捷的服务**

在微信公众号中提供便捷的服务，如在线报修、交费查询、投诉建议等，可减少业主的等待时间和操作步骤

要点四 > **及时回应业主的问题**

客服中心应设置专门的客服人员，在微信公众号上及时回应业主的问题和建议，以展现客服中心的专业性和责任心

要点五 > **利用互动活动增加曝光度**

利用微信公众号组织线上互动活动，如问答、投票、抽奖等，鼓励业主参与并分享给朋友，可增加公众号的曝光度

要点六 > **通过数据分析优化服务**

利用微信公众号的数据分析功能，可了解业主的浏览习惯、兴趣偏好等，为业主提供更精准的服务。根据数据分析结果，不断优化公众号的内容和功能，可提升业主的满意度

图 4-3　通过微信公众号与业主沟通的要点

3. 通过社区论坛与业主沟通

物业客服中心通过社区论坛与业主进行有效的沟通，可以提高服务质量，增强业主的满意度。同时，也有助于建立和谐的社区氛围，提高业主对客服人员的信任与支持。图 4-4 是该渠道沟通的要点。

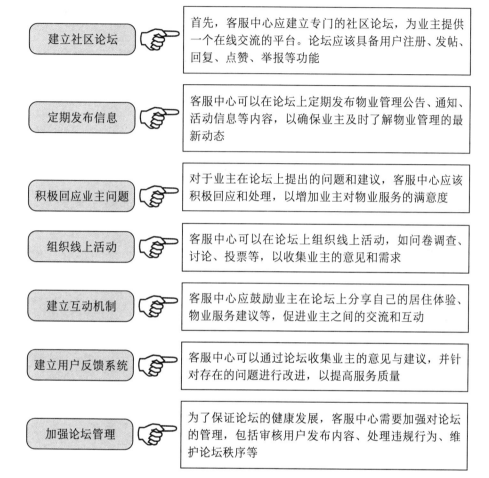

图 4-4　通过社区论坛与业主沟通的要点

四、利用小区公告板沟通

物业客服中心利用小区公告板进行沟通，是一种常见且有效的方式，可以与业主之间建立更好的互动关系。

1. 利用小区公告板沟通的要点

利用小区公告板沟通的要点如图 4-5 所示。

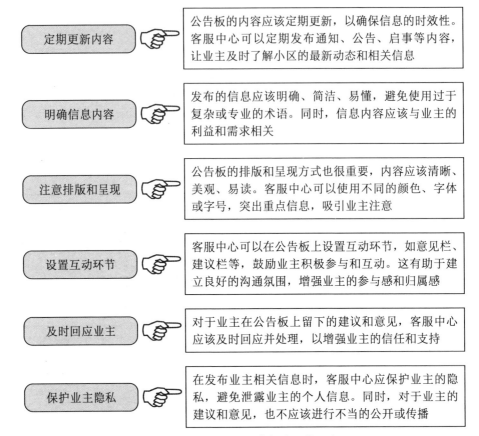

定期更新内容	公告板的内容应该定期更新，以确保信息的时效性。客服中心可以定期发布通知、公告、启事等内容，让业主及时了解小区的最新动态和相关信息
明确信息内容	发布的信息应该明确、简洁、易懂，避免使用过于复杂或专业的术语。同时，信息内容应该与业主的利益和需求相关
注意排版和呈现	公告板的排版和呈现方式也很重要，内容应该清晰、美观、易读。客服中心可以使用不同的颜色、字体或字号，突出重点信息，吸引业主注意
设置互动环节	客服中心可以在公告板上设置互动环节，如意见栏、建议栏等，鼓励业主积极参与和互动。这有助于建立良好的沟通氛围，增强业主的参与感和归属感
及时回应业主	对于业主在公告板上留下的建议和意见，客服中心应该及时回应并处理，以增强业主的信任和支持
保护业主隐私	在发布业主相关信息时，客服中心应保护业主的隐私，避免泄露业主的个人信息。同时，对于业主的建议和意见，也不应该进行不当的公开或传播

图4-5 利用小区公告板沟通的要点

2. 各类公告文书的写作要求

小区的物业事务繁杂，为将重要信息及时、准确地传达给小区的业主，客服中心应充分利用文字沟通这个有效的方式。

比如，小区停水、停电，设施维修，以及安全防范、生活小常识、温馨提示等信息，应以通知、告示等文书形式传达给业主。

对此，客服人员应掌握各类文书的写作要求。

（1）通知的写作要领

通知属于一般性的公告，也是最常见的信息传递方式。通知的内容大致包括收取费用、停水停电、办理各类手续、公共场地消杀、清洗外墙、公共设施改造等。

① 为业主生活带来不便的通知。对于停电停水、清洗外墙、公共设施改造、公共场地消杀等事务，在标题中最好突出主题，以引起业主的注意。正文要写明原因、起止时间、注意事项、咨询电话等；在表达比较重要的事项时，可采用特殊

字体。由于此类事务会给业主的生活带来一些不便，所以在通知中需向业主表示歉意。

通知的写作格式如表 4-2 所示。

表 4-2　通知的写作格式

序号	项目	基本要求
1	标题	突出主题，如停水通知
2	首行	明确通知要发放的人员，如"尊敬的各位业主"
3	正文	（1）原因 （2）起止时间 （3）注意事项 （4）联系电话
4	落款	物业管理企业的印章、发文日期

【范本 4-01】▶▶▶

外墙清洗通知

尊敬的业主：

为了美化园区，给广大业主提供一个干净明亮的生活环境，我公司定于_____年_____月_____日起对_____园区各楼体墙面及户外玻璃进行清洗。如给您生活带来不便，敬请谅解！

具体清洗安排，物业管理处会在单元门的公布栏内进行通知，请您及时查看。在清洗外墙时，请您注意以下事宜。

1. 希望各位业主关好自家窗户及阳台门，以免污水溅入室内，影响您的正常生活。

2. 若发现有污水溅入室内，请及时致电客户服务中心。

3. 若您有事外出而无法关闭门窗，请及时联系管理处。

4. 若您对外墙清洗有质疑，请致电客户服务中心。

我们将为您提供优质满意的服务。

_____物业管理有限公司

_____年_____月_____日

【范本4-02】▶▶▶

文明养犬通知

尊敬的业主：

近期发现部分业主遛狗时没有拴绳，任由狗在草地上拉屎，严重破坏了花园的居住环境，希望养狗的业主在遛狗时用绳牵好，不要让犬只咬伤他人。

根据区疾控中心的统计数字，今年 1~5 月因被狗咬伤到区疾病预防控制中心注射狂犬疫苗的人数为 1776 人，平均每天超过 11 人被狗咬伤，此外还有 30%~35% 的人未接受犬伤治疗，数量大大超过去年同期。

请小区业主尽快到相关部门办理合法养狗手续，并定期进行防疫。对未办理合法手续的犬只，管理处和业主委员会将依法报请犬只管理部门进行处理。

被狗咬伤后的应急处理办法为：

1. 用大量清水冲洗伤处，不要在伤处涂擦任何软膏或类似药物。
2. 尽快去医院进行检查并注射狂犬疫苗。

_____物业管理有限公司

_____管理处

____年____月____日

② 需业主协助的通知。收取费用、办理各类手续等事务，需要业主与物业管理企业共同完成，所以通知的内容要明确、突出，可在颜色、字体上进行调整，直观地给业主展示相关信息。同时应对业主的协助表示感谢。

【范本4-03】▶▶▶

出入小区刷卡通知

尊敬的业主：

临近年关，治安形势比较复杂，为了让大家有一个安全的居住环境，请大家在出入小区时刷卡，并警惕陌生人跟随进入。没有办卡的业主请尽快到管理处办理。

特此通知，谢谢大家的合作！

_____物业管理有限公司

____年____月____日

【范本 4-04】▶▶▶

业主卡办理通知

尊敬的业主：

本小区已进入装修阶段，进出小区的人员日益增多，管理处为加强小区人员进出管理，确保小区的安全和谐，现为小区业主办理业主卡，业主应凭业主卡进出小区。请业主于近期内到管理处办理，谢谢合作！

办理业主卡需带资料：

一、业主及家人

1寸照片2张，身份证复印件1份。

二、租住户

租房合同复印件1份，身份证复印件1份，1寸照片2张。

三、公司员工

租房合同复印件（限租住户）1份，公司营业执照复印件1份，公司介绍信1份，身份证复印件1份，1寸照片2张。

_____物业管理有限公司

____年____月____日

【范本 4-05】▶▶▶

四害防治通知

_____物业（　　）物字第____号

尊敬的 ×× 小区业主及住户：

为营造一个干净卫生、无病虫害的居住环境，保障大家的健康与安全，×× 小区物业服务中心计划于近期开展机械四害消杀工作。

一、消杀时间

20×× 年 ×× 月 ×× 日至 ×× 月 ×× 日（共计3天），每日9:00至11:00，14:00至17:00。

二、消杀范围

×× 小区全园区。

三、注意事项

1.消杀期间，请务必关好家中门窗，以免药剂气味引起身体不适。

2. 消杀期间，切勿碰触药剂喷洒过的绿化植被和设施设备，以免发生意外。

3. 请各位业主及住户照看好儿童，看管好宠物，尽量避开药物喷洒区域。

4. 请将晾晒在外的衣物、被单等收回家中，以免受到药剂影响。

若您在消杀期间有任何疑问或需求，请随时拨打我们的 24 小时服务热线：××××××××。

感谢您的理解与支持！××小区物业服务中心将竭诚为您服务。

××小区物业服务中心

____年____月____日

【范本 4-06】▶▶▶

母亲节特别活动报名通知

_____物业（   ）物字第____号

尊敬的××小区居民：

随着夏日序曲悄然奏响，我们迎来了一个充满温情的节日——母亲节。在这个特别的日子里，××小区物业服务中心精心筹备了一场以"今天，好好宠爱我妈妈"为主题的母亲节活动，旨在搭建一座桥梁，让爱的声音在家中回响，让感恩的暖流温暖每一颗心。

一、活动亮点

1. 亲子互动游戏：不仅能让孩子与母亲在欢笑中加深默契，还能增进彼此间的情感交流，让快乐成为最动人的语言。

2. 手工制作工坊：亲手制作一份独一无二的礼物，无论是手绘卡片，还是手工艺品，都承载着孩子对母亲深深的感激。

3. 美食共享时刻：在温馨的氛围中，共享美食，让味蕾的满足与心灵的愉悦相互交织，共同编织一个难忘的母亲节记忆。

二、报名指南

1. 报名方式：请扫描下方二维码（略），填写相关信息。名额有限，先到先得，请您尽快行动哦！

2. 截止日期：为确保每位参与者都能享受到最佳的活动体验，请务必在××月××日前完成报名。

三、我们的心愿

在这个属于母亲的节日里，我们希望通过这次活动，不仅让每位母亲感受到来自子女的深情厚谊，也能让家庭的温暖与和谐得到进一步升华。让我们携手，用实际行动诠释对母亲的爱，共同营造一个充满爱的小区环境。

最后，××小区物业服务中心全体成员提前向所有伟大的母亲致以最崇高的敬意和最真挚的祝福，愿你们节日快乐，幸福安康，每一天都如花般绚烂！

敬请期待，与您共赴这场爱的盛宴！

××小区物业服务中心

____年____月____日

【范本4-07】▶▶▶

电梯维护保养通知

_____物业（　　　）物字第____号

各位业主：

电梯作为我们日常使用的重要工具，其安全性关乎每一位业主的利益。为确保电梯的稳定运行和大家的生命安全，今日，电梯维保团队将对电梯进行例行维护保养。

重要提示：

1. 电梯的例行维护保养是每月必须进行的常规工作，而非因电梯故障进行的维修，请大家不要产生误解。

2. 维护保养工作将分梯进行，即一次只停运一部电梯。其间，有出行需求的业主可乘坐另一部电梯。

对于此次维护保养工作给大家带来的不便，我们深表歉意，并希望大家能够给予理解和支持。

如有任何疑问或需求，请随时拨打我们的服务热线：××××××××（24小时），我们将竭诚为您服务。

感谢大家的配合与支持！

××小区物业服务中心

____年____月____日

【范本 4-08】▶▶ --

小区泳池开馆通知

_____物业（　　）物字第____号

尊敬的 ×× 小区业主：

夏日渐近，游泳成为许多人消暑健身的首选。为了给大家提供一个安全、清洁、舒适的游泳环境，服务中心已协同承租方对小区泳池进行了全面清理和养护。现泳池已具备开放条件，特通知以下事宜。

一、开放时间

20×× 年 ×× 月 ×× 日，泳池将正式开放运行。每日开放时间为：14:30 ~ 18:30 和 19:00 ~ 22:00。如遇特殊天气或其他原因不能开放，以现场通知为准。

二、免费畅游体验时间

为庆祝泳池重新开放，20×× 年 ×× 月 ×× 日让大家免费畅游一天，欢迎广大业主踊跃参与。

三、注意事项

1. 请大家在游玩中注意安全，听从现场工作人员的提示。

2. 请严格遵守泳池的开放时间，非开放时间请勿进入泳池。

3. 进入泳池前，请务必进行热身活动，以减少受伤的风险。

4. 如身体不适或患有疾病，请不要进入泳池。

5. 儿童在进入泳池时，必须有成人陪同，以确保安全。

6. 请大家共同维护泳池的卫生，不要在泳池内乱扔垃圾。

7. 请遵守泳池的相关规定，不要在泳池内进行任何危险行为。

8. 如发现泳池设施有损坏或异常，请及时告知工作人员。

四、消费提示

根据物业服务中心与泳池承包单位签订的合同，泳池的月卡、年卡、套卡等仅限当年有效，有效期至 20×× 年 ×× 月 ×× 日，过期将自动作废，请广大业主理性购买。

如有任何疑问或需求，请随时拨打物业服务中心 24 小时服务热线：××××××××，或泳池服务咨询电话：××××××××（微信同号）。

×× 小区物业服务中心

____年____月____日

（2）简讯类公告的写作要领

简讯类公告一般用于发布小区文化活动、便民服务等信息。客服中心在拟制该类文稿时，应注意标题和内容的灵活性，标题可使用"好消息""喜讯"等；版面可采用艺术字，且色彩明艳；内容可以使用具有鼓动性的词语，让业主感受到发布者的真诚。

简讯的写作格式如表4-3所示。

表4-3 简讯的写作格式

序号	项目	基本要求
1	标题	如好消息、喜讯等
2	首行	明确简讯要告知的人员，如"尊敬的各位业主"
3	正文	灵活多样，如介绍事情的经过、好消息的达成情况等
4	落款	物业管理企业印章、发文日期

【范本4-09】▶▶▶ ······

好消息

_____小区全体业主：

近期，备受大家关心的"东区××号楼东侧墙外出租楼在我小区围墙私开小铁门，并推倒围墙，打开通道"一事，经过××业主委员会、管理处共同努力，以及与各级政府相关部门联络、沟通，××月××日，建设办、国土办、规划办、城管监察大队、居委会、派出所等有关部门权威人士，到我小区进行了会商。

下午2:30，××业主委员会、管理处和各级政府职能人员、私家楼主共同实地考察、现场测绘。

建设办、国土、规划、城管监察大队依据××业主委员会提供的法律效力宗地图、红线图、平面图，通过实地测绘，最后裁定：我们的所有图纸标志都是合法的、有效的、正确的。

由此，××号楼墙面以东10米的范围均是我小区属地，即现有围墙以外3.5米属我小区属地。

××规划部门现场宣布，我们小区维权是合法的、有效的。××街道建设办公室已下达处理意见，我们将按法定红线图完全封闭。

经过××业主委员会、物业管理处不懈努力，困扰××小区全体业主多年的问题，终于尘埃落定。

通过此次维权，我们相信：只要业主委员会和管理处团结起来，每一项维权行动，都会有好的结果。

最后，我们希望广大业主多说有利团结的话，多做有利团结的事，共创和谐小区。

_____物业管理有限公司

_____管理处

____年____月____日

（3）提示类公告的写作要领

提示类公告一般是对特殊天气、气候的提示，对节日安全的提示，以及对社区公共设施使用安全的提示等。比如，南方沿海一带城市夏季会遇到台风，北方城市冬季会遇到降温降雪天气，客服中心应时刻注意政府相关部门发布的预告，然后以提示的方式告知业主，提醒业主做好各项准备工作。

由于提示的内容通常与业主的切身利益（如人身安全等）密切相关，所以，客服人员拟稿时，注意语气应偏于温和，让业主看到提示时能感受到客服中心对业主的关心。

提示的写作格式如表4-4所示。

表4-4　提示的写作格式

序号	项目	基本要求
1	标题	如温馨提示
2	首行	明确要提示的人员，如"尊敬的各位业主"
3	正文	（1）说明提示的内容 （2）罗列业主应注意的事项
4	落款	物业管理企业印章、发文日期

【范本 4-10】▶▶▶ --

冬季用电温馨提示

_____物业（　　　）物字第____号

尊敬的各位业主：

冬季是用电高峰期，大家在家中会使用多种取暖设备，但一定要将安全用电放在首位。

××年××月××日____:____分左右，有业主打电话向客户服务中心反映，×单元一楼业主家中往外冒烟。客户服务中心值班员在接到业主反映后，立即通知保安主管前往查看。业主家中无人，但有黑烟不断从门缝中冒出，表明业主家中失火。根据现场情况，保安主管立即报警，及时与业主联系，并安排做好接警工作。

客户服务中心值班员联系到业主后，告知家中失火，并征得业主同意破门灭火。在众多邻居的帮助下，保安员先后把卧室的窗户、南阳台门砸碎，进入业主家中用瓶装灭火器进行灭火，随后赶来的消防员利用水带将火灾彻底扑灭。业主家中的电视机和电视柜已经被烧毁，但因扑救及时，没有造成更加严重的损失。

据统计，自业主入住以来，小区前后发生了近20起起火事件，有业主出门忘记关煤气的，也有线路老化的，还有电器使用不当的。但____月____日的火灾，是近5年来，最为严重的一次。

在此，管理处作出如下温馨提示。

1. 出门时请务必关闭家中的电源开关。

2. 定期检查家中的电器线路，发现老化应及时更换。

3. 购买家庭财产险作为保障。

4. 发现火情，请立即拨打119。

××小区物业服务中心

____年____月____日

【范本 4-11】▶▶▶--

关于天气变化的温馨提示

_____物业（　　）物字第____号

尊敬的业主：

　　最近气温变化较大，请注意添减衣物，以防感冒。夏季即将来临，大风天气可能会频繁出现，希望各位业主对放置在阳台、窗台的杂物、花盆等妥善管理，以免砸伤行人或毁坏其他物品。雷雨天气请注意保护家中的电器。外出时切记检查家中水管、电器、煤气、门窗是否关好，以免带来安全隐患。

××小区物业服务中心

____年____月____日

【范本 4-12】▶▶▶--

文明停车温馨提示

_____物业（　　）物字第____号

尊敬的业户：

　　为了维护小区的停车秩序，确保您和他人的停车安全，我们特向您发出以下提示。

1. 请勿在非停车区域停车，以免占用公共通道，影响他人通行。

2. 停车时请确保一车一位，不骑线、不压线，避免一车占用两个车位。

3. 请勿随意停放车辆，以免给他人造成困扰。

4. 车辆停靠完毕后，请及时关闭车窗及车灯，确保车辆安全。

5. 在小区内，请勿鸣笛、超速行驶，保持小区的安静与安全。

6. 请注意车辆之间的距离，小心开门，以免刮伤自己或他人的车辆。

　　停下的是车辆，展现的是素养。让我们遵守停车规则，从细节做起，展现文明的风貌，共同创建一个和谐、文明的小区。感谢您的配合与支持！

××小区物业服务中心

____年____月____日

【范本 4-13】▶▶▶

雷雨大风与暴雨预警提示

_____物业（_____）物字第____号

尊敬的业主：

深圳市气象台已于 20×× 年 4 月 28 日 10 时 25 分发布龙华区、龙岗区和坪山区雷雨大风黄色预警信号，上述区域预计 2 小时内出现 30 ～ 50 毫米降水，并伴有 8 级左右阵风和强雷电，全市已进入暴雨戒备状态。

物业服务中心在此特别提醒业主注意以下几点。

1. 请在大风、暴雨来临之前，及时收拾、清理阳台，将放置在栏杆及窗台上的花盆等物品移至室内，以免被风刮落造成安全隐患。商户也请将铺外移动广告灯箱等物品移至铺内。

2. 驾车出行的朋友请注意安全，切勿将车辆停靠在树下、低洼处、积水处，以防树枝坠落砸坏车辆或车辆被淹。开车时如遇大雨，请务必保持匀速慢行，确保行车安全。

3. 如需在大风、暴雨天气外出，请确保家中门窗已关好，电源及燃气已关闭，以防发生意外。

如有业主需要协助关门窗、关电源，可联系您的专属管家，或拨打物业服务中心 24 小时服务热线：××××××××。我们将竭诚为您服务，确保大家顺利度过暴雨天气。

请大家相互转告，共同维护小区安全。

××小区物业服务中心

____年____月____日

【范本4-14】▶▶ ··

文明养犬温馨提示

_____物业（　　）物字第____号

亲爱的业主：

大家好！为了营造一个和谐、美好的居住环境，我们特别提醒各位养犬的业主注意以下几点。

1. 为爱犬办理证件：请您第一时间为您的爱犬办理犬证，给它一个合法的身份，这也是对它负责的表现。

2. 善待宠物：请定期为您的爱犬进行身体检查、接种疫苗，并做好驱虫工作，确保它的健康。

3. 文明出行：外出时，请由成人牵紧牵引绳，尤其是大型犬只，请为它佩戴好口罩，以免惊吓到他人。

4. 清理粪便：请您随身携带清理工具，及时清理爱犬的粪便，保持公共区域的清洁和卫生。

5. 避开人流密集区域：在遛狗时，请避开人流集中的区域，以减少对他人的干扰。

6. 错峰遛狗：建议您错开早、中、晚出行高峰时段遛狗，以免对他人出行造成影响。

7. 管束爱犬：请您管束好您的爱犬，以免其狂吠扰民，破坏邻里之间的和谐友好关系。

文明养犬，从自身做起。让我们共同努力，守护我们美好的家园。感谢您的理解和配合！

××小区物业服务中心

____年____月____日

【范本 4-15】▶▶▶---

安全用气温馨提示

_____物业（　　　）物字第____号

亲爱的业主：

燃气安全，关系每个家庭的平安幸福，必须引起业主的高度重视。以下是使用燃气的注意事项。

1. 保持通风：用气场所应保持空气畅通，严禁存放易燃易爆及危险物品。

2. 正确点火：设备点火时，严格遵循"火等气"原则，一次未点燃，应稍等片刻，不可立即再次点火，以防发生燃气爆燃。

3. 及时关闭阀门：不使用燃气时，应关闭燃气管道总阀及燃烧器具前阀门。

4. 检查更换胶管：燃气胶管应定期检查、定期更换，严禁使用过期胶管。

5. 日常检漏：可将肥皂水涂在管道各接口处，如有气泡连续冒出，即说明漏气。严禁使用明火进行检查。

6. 紧急处理：如发现漏气，应立即关闭燃气紧急控制阀门，并拨打燃气抢修电话处理。

7. 保持设备供电：燃气报警器、紧急切断阀和强排风系统应24小时供电，确保设备正常运行，并定期进行调试及标定。

8. 禁止擅自改动：严禁擅自安装、改装、拆除燃气管道和计量装置。

9. 避免混用：开通管道天然气后，厨房内严禁使用瓶装液化石油气。

燃气抢修24小时服务热线：×××××××××。

请大家务必牢记以上事项，共同维护小区安全。如有任何疑问或紧急情况，请及时拨打燃气抢修热线。

××小区物业服务中心

____年____月____日

（4）通告的写作要领

通告是客服中心向业主发布的较特殊的文书，多用于对业主某些行为的管理，其中，包括禁止业主实施某些行为，如禁止在小区内乱发广告、禁止违规装修、禁止破坏公共设施、禁止高空抛物等；还可以是采取某些管理措施的通告。客服人员在拟制通告文稿时，应注意突出管理措施的强制性，以引起业主的重视，达到预期的效果。通告的写作格式如表 4-5 所示。

表 4-5　通告的写作格式

序号	项目	基本要求
1	标题	通告
2	首行	明确通告要告知的人员，如"尊敬的各位业主"
3	正文	灵活多样，可以是事情的经过，还可以是要求业主知晓、配合的事项
4	落款	物业管理企业印章、发文日期

【范本 4-16】▶▶▶

关于弱电系统改造工程完工的通告

尊敬的各位业主：

首先感谢您对本物业管理有限公司的理解和支持！在物业管理处的积极努力及业主的大力配合下，弱电系统改造工程已基本完工，现将部分注意事项提示如下。

1. 小区出入管理系统和电子巡查系统已于＿＿年＿＿月＿＿日启用。每个楼栋的黑色小圆点是巡更信息采集点，请业主不要破坏。

2. 小区门禁系统已于＿＿月＿＿日启用，为了确保小区门禁系统的正常使用，请业主积极配合保安员的工作，进出小区使用门禁卡。

3. 周界电子围栏系统于即日启用，为了确保您的安全，请不要靠近电子围栏。

小区的安全不仅靠物业管理处的管理，还要靠广大业主的积极配合。希望广大业主能支持物业管理处的工作，共同建设美好家园！

＿＿＿＿＿＿＿物业管理有限公司

＿＿＿年＿＿月＿＿日

【范本 4-17】▶▶▶ ···

关于启用门禁系统的通告

_____物业（　　　）物字第____号

尊敬的各位业主：

小区门禁系统正在紧张施工中，计划于____月____日正式启用。届时小区将实行全封闭式管理，业主需凭门禁卡出入小区。现将门禁卡的领取方式及使用规定通告如下。

一、领卡方式

1. ____~____栋的业主凭房产证于____月____日至____月____日到物业管理处领取门禁卡，每户可免费领取____张。

2. ____~____栋的业主凭房产证于____月____日至____月____日到物业管理处领取门禁卡，一房免费领取____张，两房以上免费领取____张。

二、门禁系统使用管理规定

1. 小区业主凭门禁卡出入小区，业主一人一卡通行。

2. 行人、自行车、电瓶车、摩托车一律从非机动车道通行，进出闸口时，应注意摆闸开启位置，摆闸开启不充分时请勿急于通过。

3. 小区业主乘坐出租车进入小区时应出示门禁卡。

4. 来访人员（送货人员）由门岗保安核实身份后登记放行。

5. 门禁卡只能用作出入小区的凭证，业主应妥善保管，不能折叠，远离磁场。

6. 为确保小区安全，请不要随意出借门禁卡，如有遗失，请凭房产证到物业管理处补办，补办费用为每张____元。遗失门禁卡会给小区带来安全隐患，请业主小心存放。

20××年××月××日至20××年××月××日为门禁系统使用适应期，如业主忘带门禁卡，请告知门岗保安员配合开门。____月____日将全面启用门禁系统，请各位业主相互转告！希望我们的服务能给大家带来更多的安全保障。

××小区物业服务中心

____年____月____日

【范本 4-18】▶▶▶ --

关于治理私搭乱建的通告

_____物业（　　）物字第____号

尊敬的各位业主：

_____小区私搭乱建现象由来已久，尤其近两年最为严重，完全处于无序状态，严重破坏了小区环境，也破坏了小区的整体升值空间。

为了维护小区全体业主的利益，必须严格治理私搭乱建行为。近期，我们将采取如下措施。

1. 所有在建工程今年底必须完工。对侵占公共绿地、影响四邻的建筑进行拆除，恢复原貌。对不听规劝和抗拒者，将向全体业主公示，并向市政府和城管反映。

2. 对没有侵害相邻权和小区形象的建筑，请业主补办相应手续。

3. 从____月____日起，全面清理小区建筑材料和建筑垃圾。

（1）对堆放在公共区域的建筑材料和建筑垃圾，一律进行清理，清理费用由相应业主承担。

（2）对庭院内的建筑材料进行登记，并整理堆放。

4. 从____月____日起，严禁未经四邻同意、未办理手续的建筑材料进入小区。物业服务中心将制定细则，严格管理。

××小区物业服务中心

____年____月____日

【范本 4-19】▶▶▶ --

关于退出 ×× 小区物业管理的通告

_____物业（　　）物字第____号

尊敬的各位业主、小区业委会：

首先感谢你们一直以来对小区物业管理工作的关心和支持，使小区的生活环境整洁卫生、安全有序。但由于小区相对较小（×××户）、收费标准较低（×

元/平方米)、业主交费率较低(19%),而人力、物力成本不断增加,导致小区物业管理连年亏损,难以为继。为此,我公司决定于20××年5月10日正式退出小区物业管理工作,并提前15天张贴通告,请各位业主、业委会尽快聘请新的物业服务企业,或联系居委会与我公司办理交接手续,以免给业主生活带来不便。

对于已经预交20××年度物业服务费的业主,请在物业管理移交手续办完后,携凭证到本物业公司办理退款。对拒绝交纳20××年6月份以前物业服务费的业主,我们将通过法律程序进行追讨,并按有关规定收取××‰的滞纳金。

特此通告!

××物业服务有限公司

20××年××月××日

抄送:工业园区街道办事处、××社区居委会

---

(5)启事的写作要领

客服中心发布的启事类文书较少,一般只涉及失物招领、寻物等内容。客服人员在拟制启事时,应注意时间、地点及物品特征的描述,当然,还要注明联系方式。启事的写作格式如表4-6所示。

表4-6 启事的写作格式

序号	项目	基本要求
1	标题	失物招领或寻物启事等
2	首行	明确启事要告知的人员,如"尊敬的各位业主"
3	正文	(1)失物招领:介绍事情经过、失物情况,以及何时到何地凭何证件去领失物 (2)寻物启事:写明何时何地丢失了何物,要详细描述失物的特征,并突出酬谢内容
4	落款	启事者签字及发文日期

【范本 4-20】▸▸▸ --

失物招领启事

_____物业（　　）物字第____号

尊敬的广大业主：

　　管理处工作人员近日在巡楼中拾得钥匙数串，敬请失主携带相关证件到客户服务中心认领。再次提醒各位业主保管好自己的物品，以免给您的生活带来不便。

××小区物业服务中心

____年____月____日

【范本 4-21】▸▸▸ --

寻物启事

_____物业（　　）物字第____号

　　本人（　　）不慎于20××年××月××日将一台笔记本电脑遗失，遗失地点：_____。

　　电脑是银白色外壳；型号____；内存____兆；硬盘____G；总价值____元；电池右侧锁键不太灵活；购买于____年____月，____成新。

　　这台笔记本电脑对我有重要的意义，本人愿意支付____元酬谢拾到者。

　　希望拾到者能与我联系，本人十分感谢！

　　我的地址：_____。

　　联系电话或邮箱：_____；_____。

_____物业管理有限公司

____年____月____日

【范本 4-22】▶▶▶ ··

招募启事

_____物业（　　　）物字第____号

尊敬的 ×× 小区业主：

我们深知，"喵星人"作为人类最亲密的伙伴之一，为我们的生活带来了无尽的欢乐。然而，随着流浪猫数量的增加，如何确保它们与小区居民和谐共处，成为我们共同面临的挑战。

为了改善这一现状，提升小区业主的生活品质，同时给予流浪猫更多的关爱与保护，我们携手 UNI 公益"爱在路上"志愿者团队，决定在小区建立"喵想有个家"小屋。我们诚挚地邀请热心公益、关爱动物的小区业主加入，共同为流浪猫打造一个温馨的家。

一、志愿者服务内容

1. 培训赋能：我们将为志愿者提供相关的动物保护培训，确保大家能够科学、合理地喂养和照顾流浪猫。

2. 活动宣导：志愿者将在小区内开展公益宣传活动，提高业主对流浪猫的认识和关注。

3. 实施 TNR（捕捉、绝育、放归）计划：我们将组织专业的志愿者团队，实施 TNR 计划，以减少流浪猫的繁殖数量。

4. 科学投喂：志愿者将在小区内设置合理的投喂点，确保流浪猫能够获得充足的食物和水分。

5. 领养活动：我们将组织开展领养活动，鼓励有条件的业主领养流浪猫，为它们提供一个稳定的家。

6. 复盘总结：每次活动结束后，我们将组织志愿者进行复盘总结，分享经验，改进不足，更好地服务于小区业主。

二、报名方式

点击以下链接进行报名：（报名链接略）。

我们期待您的加入，让我们携手共建一个和谐、美好的小区环境！

×× 小区物业服务中心

____年____月____日

五、利用业主恳谈会沟通

业主恳谈会是一种积极有效的沟通方式，可以帮助物业公司与业主建立更加紧密的联系，促进问题解决。

1. 业主恳谈会的组织

业主恳谈会的组织可分为 3 个阶段，各个阶段的工作要点如表 4-7 所示。

表 4-7　业主恳谈会的组织阶段及工作要点

阶段	工作项目	工作要点
筹备阶段	确定会议目标和议程	明确恳谈会的目的，制定详细的会议议程，确保会议内容全面、有序
	发出邀请	提前通过邮件、公告或电话等方式向业主发出邀请，告知会议时间、地点和目的，确保业主有足够的时间准备
	准备相关资料	准备会议所需的资料，如物业管理报告、业主意见汇总、改进方案等，以便在会议上讨论
实施阶段	营造良好氛围	在会议开始时，客服人员可以简短介绍会议目的和议程，同时向与会者表达欢迎和感谢，以营造积极、友好的氛围
	倾听业主意见	鼓励业主发表意见和建议，客服人员应耐心倾听与记录，对于业主的疑问给予及时回应
	互动交流	设置互动环节，如小组讨论、问答等，促进业主之间的交流
	提供解决方案	针对业主提出的问题和建议，客服人员应提供解决方案或处理措施，以展现物业公司的专业性和责任心
后续阶段	整理反馈	会议结束后，客服人员应整理业主的意见和建议，并形成详细的汇总报告
	跟进处理	针对业主提出的问题和建议，客服人员应制定改进措施，明确责任人和时间表，确保问题得到及时解决
	反馈结果	将处理结果及时向业主反馈，让业主感受到物业公司的诚意和效率

2. 注意事项

（1）确保会议时间和地点方便业主参加。

（2）客服代表应具备良好的沟通技巧和专业知识，以应对业主的各种问题。

（3）保持会议的秩序和效率，避免偏离主题。

（4）对于业主的敏感信息应予以保密。

第二节　客服沟通三部曲

客服人员是物业管理的基石，直接展现了物业公司的形象，因此客服人员的沟通能力至关重要，客服人员需牢记沟通三部曲，即"倾听""反馈""回复"。

一、耐心倾听

耐心倾听是客服人员沟通的第一要领。

收取物业费、接待业主等是客服中心的工作职责。客服人员应耐心倾听业主的需求，无论业主的话语是否和缓，客服人员都必须以理性的思维应对，千万不能凭借经验随便打断业主说话，更不能急于辩解或推脱责任。

那如何做到有效地倾听呢？技巧如图 4-6 所示。

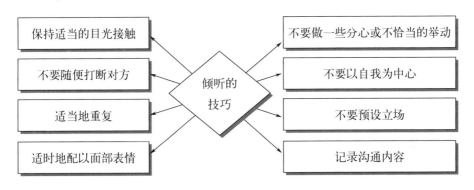

图 4-6　倾听的技巧

1. 保持适当的目光接触

在倾听时保持适当的目光接触，是对别人的尊重。有的人在说话的时候，喜欢看着没人的地方，虽然他的本意不是轻视对方，但给人的感觉很不舒服。别人说话时，你不仅要用耳朵去倾听，更要用目光去关注，这样才能鼓励别人敞开心扉，说出真实的想法。

2. 不要随便打断对方

在倾听的过程中，注意不要随便打断对方，应该让对方将想法表达完整后，你再阐述自己的观点。如果别人一句话未说完，你就开始讲述自己的观点，这就不是倾听，而是讨论甚至争论了。

在交流时不注意倾听，很容易产生误解。所以，客服人员在听人说话时，不要只听一半，不要把自己的想法强加给别人。

3. 适当地重复

别人说完之后，你最好将对方的话进行简单的概括，这样可以显示出你在用心听别人说话，会让对方感觉找到了知音。

> 💡 **请牢记：**
>
> 适当地重复只是一种确认，而非否定对方的想法，所以应尽量避免出现太多否定词。

4. 适时地配以面部表情

与人交流时，不仅要倾听对方说话，有时还要适时表达自己的意见。在不方便打断对方的情况下，配合一些面部表情，不仅能表达自己的观点，还能鼓励对方说下去。适时地配合一些面部表情更有利于双方沟通。

5. 不要做一些分心或不恰当的举动

客服人员在与业主沟通时，要全身心地投入，特别是接待业主投诉时，更要打起十二分的精神，不要有一些分心或者不恰当的举动。否则，不仅影响对方说话，还会直接影响自己和公司的形象。

6. 不要以自我为中心

在沟通要素中，语言占 7%，音调占 38%，非语言信号占 55%。通常，人们在沟通时，会不知不觉被自己的想法缠住，从而忽略了别人的感受。所以，沟通时千万不要以自我为中心，让自己成为沟通的最大障碍。

7. 不要预设立场

如果一开始就认为对方很无趣，那么就会不断从对话中设法验证自己的观点，结果所听到的都是无趣的。

8. 记录沟通内容

在倾听业主说话的同时，还要认真做好记录，尽可能详细、具体。这样可以使业主讲话的速度放慢，平复其激动的心情。客服人员应对业主投诉的内容以及要求解决的问题复述一遍，与业主核对一致，以便进一步解决问题。

请牢记：

　　掌握适当的倾听技巧，无论是解决业主问题，还是与业主建立友好关系，都是有益的。

 案例

物业管理员不分缘由制止业主装修带来的麻烦

　　某业主向管理处客服中心投诉：楼上业主在晚上装修，冲击钻的声音严重影响大家休息，希望管理处予以制止。

　　管理员接到电话后，立即到某楼某室核查，见业主正在打孔装管道，便不由分说地让他停止装修，在第二天规定的时间再施工。

　　该业主看管理员的语气和神态非常坚决，不容商量，只好停止装修。

　　第二天上班，管理员一走进办公室，就见该业主正在对管理处主任大发脾气。原来该业主家管道坏了，管理处跟承建单位联系了很久，昨天晚上好不容易请来工人维修，结果被管理员给制止了。这样还得与装修工人另约时间，该业主能没意见吗？

　　管理员知道事情原委后非常后悔，觉得自己办事太轻率，工作太死板，如果当时能够耐心听取业主的解释，根据实际情况灵活处理，就不会给业主和管理处带来这么大的麻烦……

　　如果管理员能耐心了解情况，并协助该业主做好解释工作，取得其他业主的谅解，就不会出现本案例的情形。物业管理是一项细致的工作，无论业主的做法是否违规，物业人员都要耐心听取业主的解释，了解事情的前因后果，不能教条、简单地从一而论。

二、快速反馈

　　快速反馈是客服人员与业主沟通的重要环节。

客服人员在受理了业主的有效投诉或意见反馈之后，便进入了处理问题的关键环节。客服人员应记录相关信息，反馈相关责任部门，并督促他们及时解决。这一环节看起来简单，实际上需要客服人员具有较全面的综合知识和极强的责任心。

有些客服人员会因为工作繁杂而出现纰漏，这也是业主产生不满情绪的主要原因，所以，物业公司必须高度重视。客服人员应在工作中不断积累经验，提高处理问题的能力。

三、及时回复

及时回复是提高业主满意度的最佳手段。

客服人员将问题反映给具体部门后绝不能置之不理，应该时刻关注问题的处理情况，并及时回复业主，提高业主的满意度。应该注意的是，对业主的投诉进行回访时，客服人员应做到一对一。

第三节　客服沟通的技巧

在实际工作中，客服人员会遇到各种突发情况，而业主的素质有高低，有的知书达理，有的则蛮横无理。因此，面对不同的业主，客服人员应使用不同的沟通技巧，才能化干戈为玉帛。

一、处理好与业主的关系

客服人员每天接待最多的就是业主，为取得良好的沟通效果，客服人员应采取图4-7所示的措施，与业主建立友好的关系。

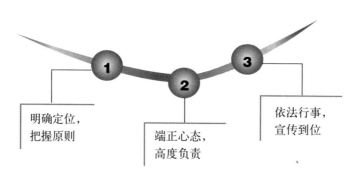

图4-7　与业主建立友好关系的措施

1. 明确定位，把握原则

很多人对物业管理的认识还存在误区，有的人认为物业公司与业主之间是管理者与被管理者的关系；有的人则认为业主与物业公司之间是"主人"与"仆人"的关系。这些误解导致物业管理工作难以开展。

其实，物业公司受托对物业实施管理，主要是为业主和物业使用人提供服务，物业管理合同一经签订，合同双方均是平等的关系，都应依照合同享有权利、履行义务，并没有主次之分。

因此，客服人员在与业主沟通时，要以合同的约定为根本，分清双方责权，以实事求是的态度，采用人性化、灵活的方式处理问题。

2. 端正心态，高度负责

物业客服人员一定要端正态度，高度负责，可从图 4-8 所示的 3 个方面来要求自己。

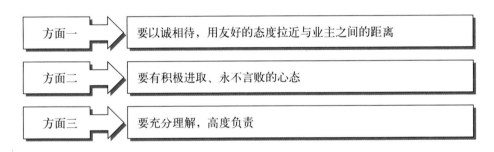

方面一	要以诚相待，用友好的态度拉近与业主之间的距离
方面二	要有积极进取、永不言败的心态
方面三	要充分理解，高度负责

图 4-8 "端正心态，高度负责"的要求

（1）要以诚相待，用友好的态度拉近与业主之间的距离。当业主提出的合理要求超出物业服务范围时，说明物业公司的工作还存在不足，应该立即纠正。如果因条件或人力限制难以满足业主需求，应向业主说明原因。客服人员应通过沟通取得业主的理解和信任，并用细致入微的服务，让业主充分感受到关怀与真诚。

（2）要有积极进取、永不言败的心态。在实际工作中，物业客服人员会因各种麻烦或个别业主的无理要求，感到委屈而打退堂鼓。其实，与其退缩，倒不如以积极的态度去面对，努力寻找解决问题的办法。

（3）要充分理解，高度负责。由于文化、知识等差异，业主可能对物业管理规定或物业服务不理解，会提出一些不正当要求，甚至强词夺理、恶语相加。作为物业客服人员，不论业主反映的问题对与错，都必须以高度负责的态度来处理。

3. 依法行事，宣传到位

物业管理遇到的问题十分复杂，涉及的法律法规也非常广泛。如何签订物业服务合同、如何制定规章制度、如何处理对内对外关系、如何开发物业服务项目、如何收取各种费用、安全保卫问题怎样解决等问题都应以法律法规为依据。作为客服人员，应该学习相关法律法规，如《物业管理条例》《中华人民共和国城市房地产管理法》《中华人民共和国劳动法》《中华人民共和国民法典》等，遇到问题时一定要有法律观念，处理问题时要以法律法规为依据。只有这样，签订的合同才有效力，制定的规章制度才能实施，处理问题的方法才恰当。

现在有的业主认为，只要交了物业管理费，什么事情都应由物业公司来负责。在这种错误意识的支配下，家中电灯不亮、水龙头漏水，业主都会要求物业公司马上处理，稍有怠慢，便会进行投诉，其实《物业管理条例》规定，物业管理企业是对房屋及配套的设施设备和相关场地进行维修、养护、管理，对物业管理区域内的环境卫生和相关秩序进行维护，并不是向业主提供全方位的服务。

二、掌握沟通的要点

客服人员在与业主沟通时，应掌握图 4-9 所示的要点。

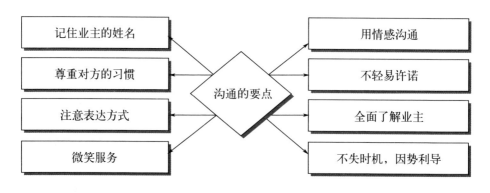

图 4-9　沟通的要点

1. 记住业主的姓名

客服人员应尽量记住业主的名字。在与业主沟通时，礼貌地称呼对方的姓名，会使对方感到非常愉快，让对方有被重视的感觉。

2. 尊重对方的习惯

在与业主沟通时，客服人员要尊重对方的习惯，了解不同国家、民族、地区的风俗，使业主感受到温暖，这样他们才会理解和接受物业公司的工作。

3. 注意表达方式

熟练运用语言技巧，可以向业主传递信息，协调公司与业主的关系，并树立公司的良好形象。

4. 微笑服务

客服人员应学会用微笑去感化每一个业主。客服人员说话时面带微笑，能够让业主感受到如沐春风的温暖。业主遇到烦心的事情想要发泄情绪时，遇到面带微笑的客服人员，想必也会慢慢平静下来。

5. 用情感沟通

一流的物业管理，离不开物业公司和业主之间的良好沟通。客服人员通过情感沟通，可切实了解业主的真情实感、所思所虑，同时也能营造友好的沟通氛围。

6. 不轻易许诺

客服人员在与业主沟通时，对对方提出的要求，如果可以马上解决，应当场许诺；需要研究的，应说明情况，以后再做答复；对根本办不到的事情，要明确拒绝，并讲明理由，请求对方谅解。轻易许诺虽然会赢得对方的暂时欢心，但最终无法兑现自己的许诺，只会损害物业公司的形象。

7. 全面了解业主

对于业主的文化程度、职业、年龄、特点和爱好等情况，物业客服人员应全面了解，因为这些有可能成为沟通协调的突破口。

8. 不失时机，因势利导

"因势利导"就是顺着事物的发展趋势加以引导。在与业主进行沟通时，首先要掌握业主心理变化之"势"，然后再加以引导。

 **案例**

物业客服人员因势利导与业主达成共识

某大厦各单元污水管的检修孔都设置在楼下单元的卫生间顶部，因此所有单元卫生间的顶部都不能全部封闭。而某单元业主在装修时，执意要将卫生间的顶部全部封闭起来。为此，物业客服人员登门向业主解释：排污管道及检修设备属业主共有，物业使用人在使用物业时不能占用、损坏住宅的公用部位。并向业主直接出示了《物业管理条例》的有关条款，业主看后，态度开始有所缓和。

客服人员赶紧趁机说："按大楼的设计安排，要求每户单元吊顶上留有检修孔，您家的排污管检修口也在楼下业主室内。他们家在装修时也曾提出同样的问题，但最终还是服从大局，留下了一个可以开启的活口，您可以参考一下他们的做法。"业主一下来了兴趣，楼下单元的处理方法虽并不完美，但也不会影响整体效果，业主最终采纳了此方案。

【点评】

物业客服人员根据国家有关的法律规定，提出假设并因势利导，让业主真正意识到问题的严重性，最后作出理智判断。

当物业公司因信息传播不流畅或自身工作失误，导致物业公司与业主失和时，或业主对物业公司不理解、不信任、不支持甚至反对、敌视时，物业客服人员应运用沟通技巧促进物业公司与业主的双向交流，促使物业公司与业主达成共识。

三、灵活运用沟通话术

作为物业客服人员，每天都要面对形形色色的业主，回答各种各样的问题，这也是对客服人员沟通能力的一种考验，因此，物业客服人员需掌握相应的话术，针对不同问题作出不同的回答，让沟通更加顺畅，让业主更加满意。

1.不到万不得已，不要使用否定句式

我们无法确保自己总是百分之百正确，也不想"祸从口出"甚至导致投诉，

所以最好的办法就是用委婉的态度表达自己想法。

业主听到拒绝的话，不管是否合理，肯定会不愉快。因此，有时候客服人员可以换一种说话的方式。

比如：

"我觉得这个建议很好，但是，这个方案……，也许会更好。"

"您好，我感到很抱歉……，我建议您可以这样……"

2. 在沟通中要带有目的和重点

第一句话就让别人知道你的想法，然后用第一点、第二点、第三点的方式逐次澄清你的思想，最后再做一个总结。

比如：

"我有什么可以帮助您的呢？"（了解对方的目的）

"目前有两个解决方案，您看哪个比较合适呢？"（给出处理方案）

"好的，我现在帮您处理……，非常感谢您的建议。"（总结）

3. "闭嘴"有时候也是沟通的一种方式

在工作场合，最能说的那个人不代表是最能干的那个人。在不对的时机、不对的场合和不对的人面前，有时候保持沉默远胜过千言万语。

尤其是面对那些无理取闹的业主，千万不要与他争辩。因为，争论是永远无止境的，与一个钻牛角的人是无法正常沟通的。你可以任由他发泄完，再给出合理的解释。

比如：

"好的，您的问题我了解了，目前关于这方面的规定是……"

"您说的这个只能……，问题是……"

4. 主动表达帮助业主的意愿

站在业主的立场，他一定会认为他的问题是最重要、最紧急的。这个时候，主动表达愿意帮助他的意愿，能让业主更加认可你。

客服人员如果能够主动发现业主的需求，并想办法满足它，会极大地提高沟通效率。

比如：

"您是否遇到这个问题……，建议您这样解决……"

"请问您需要什么帮助，我怎么才可以帮助您呢？"

5. 先表明态度，后解决问题

首先你要学会以平常心看待问题，其次要学会换位思考，最后要学会尊重业主，即站在业主的角度思考问题。在与业主谈话时，不能只表明自己的看法，这样会使对方反感和厌烦。要营造一种积极的气氛，让业主感到平等、友好。

比如：

"您的看法是怎么样的呢？"

"您的心情我理解，我真心希望我能帮助您处理好问题……"

6. 赞美的话更具有力量

恰到好处的赞美，是尊重对方的表现，也是赢得人心与维系关系的有效方法。

比如：

"您提出的这个问题真是太好了……"

"您真是太棒了……非常感谢您提出的意见"

7. 道歉也是一种艺术

如果处理问题不慎出错或失言，应诚恳致歉，而不是欺瞒躲闪。道歉应适度，让对方明白你诚恳的态度即可。而且道歉应实事求是，不宜夸张，尤其是业主也有责任时，更不应大包大揽，否则会带来损失。

比如：

"您好，对于这个问题我感到很抱歉！"

"对不起，我这边马上处理您的问题……"

8. 不要以为你听懂了

有效的倾听是建立和谐关系的关键。相互理解才能建立信任关系，而要理解对方意图必须认真倾听。很多时候，我们以为我们听懂了，其实往往是误解的开始，因此，复述与确认是非常重要的。

比如：

"您好，跟您核对一下，您遇到的问题是……"

"您遇到的问题首先是……"

9. 情绪控制是好好说话的前提

谦恭、沉着、冷静的态度令你看起来更有自信、更值得尊敬。

面对业主的指责时，要避免情绪化，不能将不满的情绪表露在言语里，也不要向业主做过多解释。

比如：

"谢谢您的建议，我会认真考虑。"

"好的，我明白您的问题，您看这样处理可以吗？"

 相关链接〈⋯⋯⋯⋯⋯⋯⋯⋯⋯⋯⋯⋯⋯⋯⋯⋯⋯⋯⋯⋯⋯⋯⋯⋯⋯⋯

物业客服人员应知应会

【民法典新规类】

1.什么是物业服务合同？

答：物业服务合同是物业服务人在物业服务区域内，为业主提供建筑物及其附属设施、环境卫生和相关秩序维护管理等物业服务，业主支付物业费的合同。物业服务人包括物业服务企业和其他管理人。

2.物业服务合同包括哪些内容？

答：物业服务合同一般包括服务事项、服务质量、服务费用标准和收取办法、维修资金使用、服务用房管理和使用、服务期限、服务交接等条款。物业服务人公开作出的有利于业主的服务承诺，是物业服务合同的组成部分。

3.物业服务合同的效力有哪些？

答：建设单位依法与物业服务人订立的前期物业服务合同，以及业主委员会与业主大会依法选聘的物业服务人订立的物业服务合同，对业主均具有法律约束力。

4.前期物业服务合同法定终止的条件是什么？

答：建设单位依法与物业服务人订立的前期物业服务合同约定的服务期限届满前，业主委员会或者业主与新物业服务人订立的物业服务合同生效的，前期物业服务合同终止。

5.物业服务人的一般义务是什么？

答：物业服务人应当按照约定，妥善维修、养护、清洁和管理物业服务区域的业主共有部分，维护物业服务区域的基本秩序，采取合理措施保护业主的人身、财产安全。

对物业服务区域内违反有关治安、环保、消防等法律法规的行为，物业服务人应当及时采取合理措施制止，向有关行政主管部门报告并请求其协助处理。

6.业主的义务有哪些？

答：业主应当按照约定向物业服务人支付物业费。物业服务人已经按照合同约定提供服务的，业主不得以未接受或者无须接受相关物业服务为由拒绝支付物业费。

业主违反约定逾期不支付物业费的，物业服务人可以催告，要求其在合理期限内支付。合理期限届满仍不支付的，物业服务人可以提起诉讼或者申请仲裁。物业服务人不得采取停止供电、供水、供热、供燃气等方式催收物业费。

业主装饰装修房屋的，应当事先告知物业服务人，遵守装修管理规定，并配合物业服务人的现场检查。业主转让、出租物业专有部分，设立居住权或者依法改变共有部分用途的，应当及时将相关情况告知物业服务人。

【物业收费类】

1. 从什么时间开始计收物业费？

答：业主按约定日期办理收楼手续的，物业费从办理收楼手续之日起开始计算；业主未按约定日期办理收楼手续的，以开发商"收楼通知书"上标明的交房时间的次月开始计收物业费。

2. 以什么面积收取物业费？

答：未办理房产证以前，按商品房买卖合同上的销售面积计收物业费；办理房产证以后，按实测的建筑面积计收物业费。

3. 物业费都花在了什么地方？

答：物业费主要用在小区公共设施设备（电梯、消防、监控、供水、供电设备）日常养护、维修及公共卫生清洁和环境绿化等方面；物业管理企业每年向业主公布一次物业管理费收取与支出账目，业主可以详细了解物业费的花销。

4. 房屋未装修，入住前是否要交纳物业费？

答：只要房屋已交付，无论业主是否入住，都要交纳物业管理费，因为物业管理企业已经开始提供服务。物业管理企业并不是为一个或几个业主服务，而是为整个小区服务，物业管理企业是与整体业主建立合同关系。如果一个或几个业主不交纳物业管理费，物业管理企业会因缺乏资金而对小区疏于管理，导致业主的共同利益受损。

5. 为什么要交纳专项维修资金？它的使用、筹集程序是怎样的？

答：根据《物业管理条例》的相关规定，业主需要交纳物业维修资金。新建商品住宅销售时，购房者应当按购房款2%～3%的比例向售房单位交纳维修资金。维修资金用于住宅共用部位、共用设施设备保修期满后的大修、更新、改造。维修资金的使用，由物业管理企业制定年度预算，经业主委员会审定后实施。维修资金不足时，经业主委员会决定，按业主拥有的住宅建筑面积向业主筹集。商品住宅专项维修资金由房管局代为管理。

6. 有的业主不交纳物业费，这对其他业主有影响吗？

答：有影响。因为物业服务的实施是需要物业费来支持的，如果有业主不交纳物业费，势必给物业服务企业的运营造成影响，也将影响已交费业主的利益。

7. 小区公共照明用电是否需要向业主分摊？

答：此项费用包含在物业服务费用里面。

8. 收楼时有许多配套设施，如周边绿化、车库、行人通道等没有交付，业主是否需全额交纳物业管理费？

答：原则上是要全额交纳的。

9. 物业管理费如何收取？

答：可在业主入伙时预收一年的物业管理费，以后按季度收取。这会在前期物业服务协议中进行约定。

10. 小区的水景、园林如何维护？其保养运行是否额外收费？

答：水景、园林可由外包的专业公司进行维护与保养。其保养不额外收费，包含在物业管理费中。如遇大修，则需动用维修资金。

11. 为什么物业费会这么高，是不是日后会随时变动？

答：小区物业费收费标准是经政府备案的，不会随便调整。

12. 为什么业主买了房，在小区内停车还要交停车费？

答：小区内的停车位为业主停放车辆提供便利，但由于车位产权归属等原因，业主若以租用形式使用，需要交纳停车费及车位管理费，就像租房需要交租金及管理费一样。

【物业服务类】

1. 草坪或其他植物会定期修整吗？

答：会根据季节与植物长势定期修整或补栽。

2. 房屋有问题找哪个部门？

答：可以找物业客服中心，物业客服中心受理后会根据"住宅质量保证书"的约定与开发商联系，要求其履行房屋维修义务。

3. 高层住户水压不够怎么办？

答：可以直接向管辖区内自来水主管部门投诉；也可以向所在小区物业客服中心反映，由客服人员联系相关部门进行维修。

4. 小区车主享有什么样的权利？假如车辆丢失，物业服务企业应该承担什么样的责任？

答：车主享有车辆停放及对物业人员服务投诉的权利。至于车辆丢失的赔偿问题，要看具体原因。如果物业服务企业履行了正常的安全防范义务，不存在失职情形，业主不能要求物业服务企业承担赔偿责任。如果物业服务企业有明显的过失，并且与业主车辆丢失存在一定的因果关系，则物业服务企业可能要承担一定的赔偿责任。

5. 物业服务企业能否在房屋楼顶或者电梯轿厢内进行广告经营？

答：可以做一些公益性的宣传。根据物业服务合同约定以及《中华人民共和国民法典》的规定，建设单位、物业服务企业或者其他管理人利用业主共有部分获得的广告收入，在扣除合理成本之后，归业主共有。

6. 业主委员会何时成立？

答：依据《中华人民共和国民法典》《物业管理条例》，符合业主委员会成立条件的居住小区，应当设立业主委员会。

7. 物业服务企业的工作时间是怎样的？

答：每天 24 小时均有专人值班和接听电话，随时提供服务。

8. 业主如何投诉？怎样报修？

答：业主如果要投诉个别服务人员，可以直接到物业客服中心投诉，也可用电话、邮件的形式进行投诉。客服中心将进行调查、核实，并及时向业主反馈处理意见。

物业服务企业收到业主报修后，应安排维修人员在 30 分钟内赶到现场。室内维修，只按零部件成本价格收取适当费用。维修之前，请业主在维修工作单的维修报价一栏中签字确认；维修结束后，请业主在维修工作单上签署维修意见。倘若业主对维修服务存有异议或意见，请业主在维修工作单上予以说明。

9. 为什么要填写"业主联系信息登记表"，如何对业主信息进行保密？

答：主要是想通过此种方式了解业主的基本情况，以便于物业服务企业更好地为业主提供个性化的服务。当业主不在家而又突发紧急状况时，物业服务企业可通过电话与业主及时联系，使业主的损失降到最低。

对于业主签署的协议和业主的个人资料，物业服务企业有专人管理，资料的查阅必须经领导批准。

10. 业主家里跑水了，物业服务企业应负什么责任？

答：物业服务企业以提供物业服务为宗旨。物业服务企业应履行的责任、享有的权利均由物业服务合同进行约定。假如业主家跑水是物业服务企业违规造成的，物业服务企业应承担相应的责任，否则，不应承担责任。要求业主在装修过程中做防水实验，目的就是避免将来给双方带来麻烦。

11.自来水水质如何保证？

答：自来水是由市政自来水公司通过管道直接供应到各业主单元，水质经过自来水公司严格的检验。

【工程类】

1.小修、中修、大修都包括哪些内容？

答：大修是指需迁动或拆换部分而非全部主体构件或设备的工程；中修是指需迁动或拆换少量主体结构或设备，并保证原房或设备结构和规模的工程；小修是指及时修复房屋或设备在使用过程中构件、部件的小损失，以确保房屋或设备原有等级的日常养护工程。

2.小修费用和公共设施维修费的区别。

答：小修费用是公共区域常规维修和业主单元内简单维修（材料需自备）的费用，公共设施维修费是指供配电、给排水、燃气设备等的维修费用，两者的用途是不同的。

3.房屋出现裂缝、漏水等问题是否保修？保修期限是多久？

答：根据《建设工程质量管理办法》的相关规定，房屋主体、相关部位及配套设施都有保修，只是保修的期限不同，具体见开发商提供的"住宅质量保证书"。

4.电梯多长时间检修一次？检修需要多长时间？是否会影响业主使用？

答：电梯每月检修一次。检修时间由电梯运行状况与养护情况决定。检修时应避开人流高峰期（一般是在夜晚），不会影响业主使用电梯。

5.谁是解决住宅质量问题的责任单位？

答：住宅质量治理的基本原则是"谁开发、谁负责"，即房地产开发企业是解决住宅质量问题的第一责任人，一旦发生住宅质量问题，房地产开发企业有不可推卸的责任，其应积极、主动地设法解决住宅的质量问题。

6.公共部位可以随意占用吗？

答：根据《物业管理条例》《中华人民共和国民法典》等有关规定，产权人和使用人不得擅自占用公共场地和设施，不得在共用部位乱堆乱放。如有违反，物业管理部门有权劝阻、制止并向有关行政管理机关报告，同时有权要求恢复原状、赔偿损失。因此，发现有业主占用公共区域时，物业服务企业应及时劝阻，以免影响其他业主正常使用。

【装修类】

1. 装修时业主需要办理哪些手续？

答：大致流程为，到客服中心填写装修申请表，提供装修公司营业执照、资质证书复印件，房屋装修设计图，装修方案等资料，由物业服务企业工程部进行技术会审，经批准后方可进行装修。

可归纳为，提出申请→提交施工图纸及方案→物业服务企业审批→交纳装修押金→办理装修许可证→办理施工人员出入证→完工验收→取回装修施工证及证件押金。

2. 装修房屋为什么要向物业服务企业申请？为什么要交装修保证金？

答：《物业管理条例》第五十二条规定，业主需要装饰装修房屋的，应当事先告知物业服务企业。物业服务企业应当将房屋装饰装修中的禁止行为和注意事项告知业主。国家有关法规规定，建筑物包括共有部位和自用部位两个方面。对于共有部位，单个业主没有权利去改变。因为装修涉及建筑物的安全问题，物业服务企业必须对业主的装修进行管理，否则等装修完后，损害已经形成，不但难以改正，也会给业主安全带来威胁。在实际生活中，有不少装修工人野蛮施工，破坏房屋主体结构，不考虑他人生活的便利、安全，不顾及对建筑物、设施设备的损害，不顾及对环境卫生的影响，造成他人生命、健康、财产损失。对于装修中的这些违规行为，可用装修保证金来制约。

3. 装修时，业主能否擅自更改房屋结构？

答：根据《住宅室内装饰装修管理办法》的相关规定，严禁业主擅自更改房屋结构。

4. 装修时不是承重墙可以拆掉吗？框架结构内的墙可以拆吗？

答：户内承重墙不可以拆改，其余墙体原则上在不影响房屋结构及左右邻居房屋质量的情况下可以拆改。

5. 卫生间是否要做防水、闭水试验？

答：业主装修时一定要让装修公司做防水、闭水试验（闭水试验的时间为48小时），以免业主入住后卫生间渗漏，造成楼下业主投诉，给自己房屋装修带来维修损失。

6. 业主想移动室内的对讲（暖气、燃气报警器、紧急求助报警器），可不可以？

答：不可私自移动。由于这些改动涉及小区的整体系统，需要物业服务企业协调原施工单位（暖气和燃气系统按国家有关规定不允许改动，可视对讲等智能系统改动有可能影响使用效果）。

7. 业主的装修垃圾如何清运?

答:物业服务企业负责委托专业单位将装修垃圾从小区内清走,但业主需要每天在规定的时间内将装修垃圾封好后,堆放在指定的地点,不得占用公共区域。

8. 业主想把室外部分设施拆了,行不行(涉及外立面拆改)?

答:2003 年 5 月 1 日,建设部颁发的 110 号文中规定,房屋外立面一律不得拆改。

9. 装修人员可以在业主家住吗?

答:为了业主和小区的安全,装修人员不可以留宿在现场。

10. 阳台、窗户是否可以安装防盗网?

答:不可以。根据《住宅室内装饰装修管理办法》第二章第六条第二款之规定,改变住宅外立面的装修行为应经城市规划行政主管部门批准,因此,阳台、窗户等安装防盗网需要经过城市规划行政主管部门批准。

11. 业主可以对排烟道进行改造吗?

答:不可以改造。

12. 煤气管道是否可以更改,是否可以将其藏在橱柜里面?

答:煤气管道原则上不可以更改,如需更改,应报煤气公司审批并由煤气公司施工。在煤气公司确定满足通风的情况下,业主可以将管道藏在橱柜内。

13. 业主可否安装太阳能热水器?

答:业主不可以占用公共区域安装太阳能热水器。

【安全保卫类】

1. 业主家中被盗或在小区内受到歹徒侵犯,物业服务企业已收取保安费,应如何处理?

答:物业服务企业收取的物业费中包含了保安费,就应严格遵照服务内容和服务标准的要求开展工作。当发生案件时,业主应保护案发现场,并尽快通知物业服务企业,物业服务企业将配合公安机关调查取证。如果保安人员没有按要求进行巡视及检查,物业服务企业将会承担相应的责任。出于对业主安全负责,物业服务企业应尽可能提高保卫服务工作标准,邀请业主共同讨论保卫工作方案,以便最大限度地发挥现有资源的作用,提供最优质的保卫服务。建议业主仍要正常购买保险,以便将损失降到最低。

2. 小区有何措施保护业主安全?

答:首先,建立安全防范系统,包括围墙的红外线防越系统、小区楼层的门禁及对讲系统;在小区出入口、停车场、室外区域等安装闭路电视监控系统,物业保安中心可实时监控。其次,设置专职保安人员 24 小时值班、巡逻,在重点部位重点监控;完善应急措施,有针对性地采取安全防范措施,使人防、技防有效结合。

3.阳台如何防盗?业主是否可以自行安装防护栏?

答:小区内禁止安装防护栏,第一会影响房屋外观,第二会封闭消防通道。《物业管理条例》和《中华人民共和国消防法》均禁止业主自行安装防护栏。而小区的安全防范措施是非常完善的。

(1)对讲系统:小区大门、各单元门及住户门设置访客对讲机,确保了业主安全私密的居住生活。

(2)监控系统:小区大门、各单元门、各电梯轿厢、各地下车库及主要道路安装摄像机,并实行全天候值勤监控,为业主生活筑起严密的安全防线。

除以上安防系统外,小区保安员24小时巡逻执勤,以确保小区的安全。

4.怎样防止小商贩进入?

答:大门门岗保安会对进入小区的所有非业主进行检查,审核通过后方可让其进入小区。

5.门禁系统的安全性能如何?

答:已安装的门禁系统是成熟产品,有着很好的质量和安全性,当业主发现门禁系统发生故障时,可联系物业客服部解决。

6.怎样保证业主的安全?有什么安防设施?物业服务企业提供怎样的安防服务标准?

答:每个单元的防盗、防灾报警装置通过网络与物业管理中心的监控计算机连接起来,保安员可实现不间断监控。一般来说,安防报警包括门禁系统、火灾报警、煤气泄漏报警、紧急求助、闭路电视监控、对讲防盗门系统等。物业服务企业提供24小时巡查服务,并采用人防与技防相结合的方式。正常情况下,客服人员接到紧急求助后,保安员会在5分钟内通过电话或可视对讲机和业主确认,并在15分钟内赶到现场。

【入伙类】

1.收楼时业主需要带的证件以及交的费用?

答:收楼时业主需要带的证件:居民身份证、户口本、委托书(如有)、照片及交费发票。

费用:预交一年的物业费,水电周转金,有线电视、网络、燃气等的初装费或开通费等。具体费用会在开发商的收楼通知书里详细说明。

2.为什么要签订临时管理规约、前期物业服务合同?

答:根据《物业管理条例》的相关规定,签订协议是为了维护全体业主的共同利益，避免个别业主的行为侵害其他业主的合法权益，同时明确物业管理服务的内容和标准。

3.临时管理规约与前期物业服务合同有何区别？

答：临时管理规约规范全体业主的公共行为，前期物业服务合同明确物业服务内容和服务标准。

4.临时管理规约、前期物业服务合同以何为依据？有效期到什么时候？

答：临时管理规约、前期物业服务合同都是依照国家建设部的示范文本制定的。

临时管理规约的有效期：自15%以上的业主签字生效时起，至业主大会成立后制定的新的管理规约生效时止。

前期物业服务合同的有效期：自房屋出售之日起，至业主委员会与物业服务企业签订的新物业服务合同生效时止。

5.是否可先验房再签约？

答：业主签约之后验房时发现的问题，物业服务企业会记录并及时整改直至符合交房标准，而不会因为业主已经签约就不去整改，业主完全不用担心。

6.是否可先验房再交费？

答：业主交费之后验房时发现的问题，物业服务企业会及时进行整改直至符合交房标准，而不会因为业主已经交费就不去整改，业主完全可以放心。

7.是否可不办理银行托收物业费手续？

答：考虑业主今后交费的便利性，建议其最好办理银行托收。

8.物业费标准是否在物价局备案？

答：物业服务企业应根据规定办理相关备案手续。

9.整改问题何时可以完成？

答：为尽快完成整改，物业服务企业会派专人跟进整改问题，最迟在第二天上午把问题交到施工单位，施工单位根据收楼先后顺序进行整改。

10.业主资料如何管理，是否会泄露？

答：物业服务企业会制定严格的制度和工作纪律，业主资料由专人保管，如物业服务企业工作人员泄露业主资料，将受到处罚甚至被辞退。

学习笔记

通过学习本章内容，想必您已经有了不少学习心得，请详细记录下来，以便后续巩固学习。如果您在学习中遇到了一些难点，也请如实记下来，以便今后进一步学习，彻底解决这些问题。

我的学习心得：

1. _____
_____
2. _____
_____
3. _____
_____
4. _____
_____
5. _____
_____

我的学习难点：

1. _____
_____
2. _____
_____
3. _____
_____
4. _____
_____
5. _____
_____

第五章
Chapter five

物业客户投诉处理

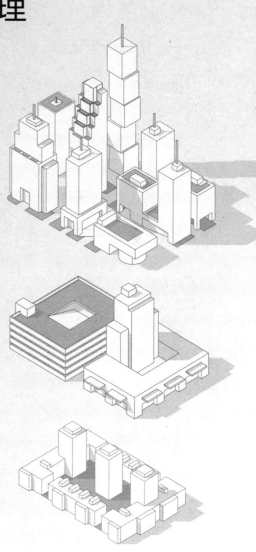

>>>>> 章前指引

　　客户投诉处理是物业服务中至关重要的一环，它直接影响物业服务企业的服务质量和客户满意度。一个高效、专业的客户投诉处理流程不仅能够及时解决客户的问题，还能增强客户对物业服务企业的信任度，促进双方和谐发展。

第一节　客户投诉的分析

一、投诉行为认识

投诉是指客户认为物业服务企业的失误、失职或失控损害了他们的利益，从而向管理人员或有关部门提出口头或书面意见。

1. 正确认识客户投诉行为

投诉不仅仅意味着客户的某些需求未能得到满足，而且也是客户对物业服务企业服务质量和管理质量的一种否定。

2. 客户投诉的方式

客户投诉的方式一般包括电话、当面、委托他人、信函邮寄、投送意见箱、传真和互联网等。

> 💡 **请牢记：**
>
> 　　处理客户投诉，是物业服务企业的一项重要工作任务，也是与客户直接交流、沟通的最佳方式。

3. 客户投诉的意义

客户投诉是企业提升的一剂良药，客户投诉处理得好，不仅可以挽留客户，弥补损失，同时还能促进企业提高产品和服务质量。对于以提供服务为主的物业服务企业来说，客户投诉的意义体现在图 5-1 所示的几个方面。

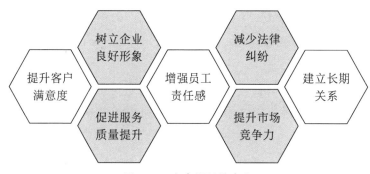

图 5-1　客户投诉的意义

（1）提升客户满意度

客户投诉是客户表达不满和期望企业改进的有效方式。通过及时、有效地处理客户投诉，物业服务企业能够直接解决客户的问题，从而提升客户的满意度，增强客户黏性，为企业带来持续的利益。

（2）树立企业良好形象

一家能够积极回应并妥善处理客户投诉的物业服务企业，会在市场中赢得良好的口碑。这种正面的企业形象有助于吸引更多的潜在客户，同时也能提升现有客户的信任感。

（3）促进服务质量提升

客户投诉是物业服务企业发现服务短板和改进服务质量的重要渠道。通过分析投诉内容，物业服务企业可以识别服务中的不足，并采取措施进行改进，从而不断提升服务质量。

（4）增强员工责任感

有效的客户投诉处理机制能够激发员工的责任感和危机感。员工如果意识到自己的工作表现直接关系客户的满意度和企业的声誉，会更加用心地为客户提供优质服务。

（5）减少法律纠纷

如果物业服务企业对客户的投诉置之不理或处理不当，客户可能会采取法律手段来维护自己的权益。这不仅会给物业服务企业带来经济损失，还会损害企业形象。如果物业服务企业积极处理客户投诉，那么可以有效避免这类法律纠纷的发生。

（6）提升市场竞争力

优质的客户服务是物业服务企业在激烈的市场竞争中脱颖而出的关键。通过高效处理客户投诉，物业服务企业能够展现以客户为中心的服务理念，从而吸引更多的客户并提升市场竞争力。

（7）建立长期关系

完善的客户投诉处理机制有助于物业服务企业与客户建立长期合作关系。当客户看到物业服务企业对他们的需求和意见给予重视并努力改进时，会更愿意与之保持长期的合作关系。

 相关链接‹···

正确理解与对待客户投诉

对于物业服务企业来说，客户投诉能反映其在服务过程中应改善的环节。投诉其实也是客户给企业提出改善建议的渠道，有效处理客户投诉能使有意见的客户重新接受企业，忠于企业。因此，物业服务企业要正确理解与对待客户投诉。

1. 纠正错误、维护品牌

接待与处理各类客户投诉是物业服务的重要组成部分，也是提高物业服务水平的重要途径。客户投诉的处理，不仅可以纠正物业管理与服务中的各项错误或不足，而且还能提高物业服务企业的信誉和形象。

2. 端正态度、把握机遇

受理客户投诉，对物业服务企业来说，并非愉快的事，但若能正确看待客户投诉，并把它转换为一种机会——一种减少失误、改善管理、加深与客户沟通的机会，坏事也就会变成好事。

3. 掌握需求、提升满意度

客户是物业管理好坏、服务质量优劣最权威的评判者，客户投诉往往会暴露出物业服务企业管理中存在的缺陷，物业服务企业也可以从中了解客户的需求和期望。物业服务企业应将各类投诉分类存档，同时运用科学的统计方法对客户满意度进行测评，从而得出有效的数据，找出问题的关键所在，并加以利用，使管理与服务更上一层楼。

4. 及时响应、提高效率

物业服务企业可能会遇到各种各样的投诉，如果不能及时处理、解决，就会导致客户反反复复投诉。这样既影响了客户的正常工作与生活，也会给投诉处理带来难度。久而久之，客户就会用拒交物业管理费等方式进行抵抗，直接影响企业的经济效益。

5.认真对待、跟进落实

客户感知的物业服务不是客观的、整体的服务，而是对相关信息的主观分析。物业服务企业倘若对客户投诉不认真对待，客户就会把仅占百分之一的不良服务无限放大，那么物业服务企业管理得再好，服务水平再高，也无法改变客户的想法，从而直接影响企业的声誉与品牌建设。

二、投诉原因分析

在实践中，物业投诉和纠纷的产生有多方面的原因，既有房地产开发商遗留的问题，也有物业服务企业经营不规范等因素。

1.开发商遗留因素

开发商遗留的问题，通常分为图 5-2 所示的两类。

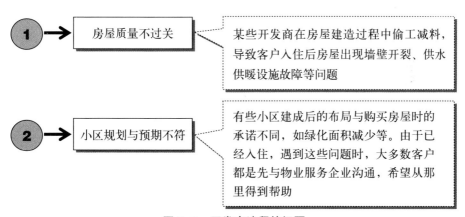

图 5-2　开发商遗留的问题

2.小区环境与配套因素

小区环境与配套因素是指客户对物业的整体布局、环境管理、各类配套设施等感到不满，主要包括以下几种情形。

（1）绿化覆盖率不足，花草树木种植量少或品种单一。

（2）水电煤气或有线电缆、防盗系统等未到位。

（3）物业区域内的垃圾房、公共设备用房及其他用房布局不合理。

（4）没有足够的车辆停放场所。

（5）没有休闲与娱乐场所或活动室。

（6）没有商业网点（如便利店）等。

3. 设施设备因素

设施设备因素导致的客户投诉，主要有图 5-3 所示的两类。

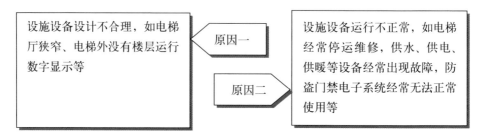

图 5-3　设施设备引起的投诉

4. 管理服务因素

物业服务企业工作人员的服务态度、服务时效、服务质量、所提供的服务项目等达不到客户的期望而引起的投诉，具体如图 5-4 所示。

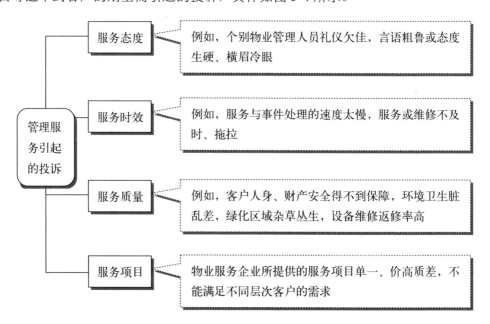

图 5-4　管理服务引起的投诉

请牢记：

由于物业服务人员与客户都有着不同的个性，所以，此类投诉很容易发生。

5. 管理费用因素

管理费用因素主要是指客户对物业服务企业收取的管理费、分摊的各类费用等感到不满，包括以下几种情形。

（1）认为物业管理费太高，物业服务企业提供的服务与收取的费用不符，物业服务企业只收费不服务或是多收费少服务。

（2）认为各类公共费用分摊不均或不合理等。

6. 社区文化因素

社区文化因素主要是指物业区域内因缺少文化气息、社区活动而引起的客户不满，包括以下几种情形。

（1）法定节假日没有环境布置或者环境布置欠佳。

（2）没有社区公益活动或文化气氛不浓等。

7. 突发事件处理因素

突发事件虽然有"偶然性"和"突发性"，但产生的后果比较严重，不仅会直接影响客户的正常工作与生活，而且还会给客户带来很大的麻烦或不便，所以容易引起客户强烈的投诉，如老人、小孩在小区公共区域受伤，电梯困人，停水停电，意外火灾，车辆丢失，私人物件被损等。

 请牢记：

突发性事件的投诉处理非常考验物业服务人员的应急处置能力，如果处理不及时或不当，会导致非常严重的后果。

8. 相邻关系因素

客户与相邻客户之间的矛盾不可调和而引发的各类投诉，主要有以下几种情形。

（1）因设计局限而造成相邻之间的防盗门安装不当。

（2）因墙体隔音差而影响相邻之间的正常休息。

（3）装修时水管铺设不当引起卫生间、厨房及其他部位向下漏水而导致相邻之间矛盾等。

 相关链接<···

物业管理的三个投诉期及投诉原因

从时间上分析，可把物业投诉分为三个"投诉期"。

1. 第一个投诉期——入住半年内

这个时期客户投诉的原因是：

（1）客户刚入住，对新小区有关政策不太了解，总喜欢以原小区的居住方法与习惯来处理新小区遇到的问题，比如，住宅专项维修资金在老住宅区往往不收取或收费较低。

（2）办理入住手续时对物业服务企业收取的相关费用，个别客户持怀疑的态度，常见的有收取装修保证金、办理人员出入卡等。

（3）有些设施没有按期交付使用，甚至直接影响客户的生活，例如，充电桩没有安装、煤气没有开通。

（4）入住初期工作量大、人员不足、经费有限、宣传不够，物业服务水平滞后。

2. 第二个投诉期——入住半年至两年内

客户入住了一段时间，能静下心来了解自己所在的小区，善于寻找问题。这段时期，有些设施仍在保修期内，开发商移交后，由物业服务企业负责跟踪这些设施。如果开发商与物业服务企业、开发商与承包商之间沟通不畅，就会导致客户投诉，如电梯运行不正常、下水道破裂、地板裂缝、房屋漏水等。

3. 第三个投诉期——入住八年以上

这个时期，有些设备过了维修保养期，建设时潜在的质量问题也会暴露出来。而这些设备的维修、更新、翻修，都需要一定资金，有些则要客户承担，此时物业服务企业的宣传解释工作做不好，客户不能理解，就容易产生投诉，例如，房屋天面产生裂缝、防盗大铁门锈损等。

三、投诉者心态分析

充分了解投诉者的心态是物业服务企业处理投诉的关键所在，知己知彼，才能百战不殆。

1. 投诉者的类别

（1）职业投诉者

职业投诉者也称专业投诉者，他们在物业服务企业提供服务的整个过程中，不间断地以不同的理由进行投诉，希望通过这样的途径直接或间接地获得经济上的补偿。这类投诉往往是小问题，但投诉者总是试图夸大。对于这种类型的客户，物业服务企业是很容易识别的，只要看投诉者是否以某种固定模式投诉即可。

（2）问题投诉者

对于出现的问题或不满，问题投诉者往往不想小题大做，只想将问题或不满通过各种有效途径反映出来，并要求物业服务企业尽快给予处理。问题解决了，他们也就满意了。

（3）潜在投诉者

潜在投诉者有合理的投诉事由，但出于某种原因并不想投诉。他们有时也会向自己的朋友诉苦或不断地发牢骚，但只有在被"逼上梁山"时才会转为问题投诉者。

2. 投诉者的心态

投诉者的心态可以分为图 5-5 所示的 3 种。

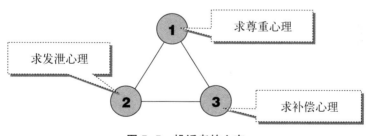

图 5-5　投诉者的心态

（1）求尊重心理

主要是指那些有地位、有财富及自我感觉良好的客户。他们往往口气大、来势猛，一到客服中心，就大吵大嚷，不是拍桌子，就是摔东西，盛气凌人。他们想通过这一系列语言及行为向物业服务企业表明，你要关注我、尊重我，要不折不扣地为我办事。

（2）求发泄心理

有些客户在工作上、社交上、家庭生活上受到了不同程度的委屈，心理上产生了偏差或不平衡，他们想通过某件小事进行投诉，以发泄心中的郁闷或不快，获得心理上的安慰。

（3）求补偿心理

"表里不一"是这种类型客户的心态表述。这种人往往来势不凶猛，到了客服中心并不单刀直入，而是甜言蜜语，弄得客服人员晕头转向，然后他们突然反转话锋，正式切入主题，目的就是要获得经济上的补偿。

第二节　客户投诉的处理

一、投诉处理的原则

投诉能指明物业服务企业应改善的环节，使有意见的客户重新接受企业，因此这也是企业提升服务质量的机会。所以客户投诉并不可怕，关键是物业服务企业如何处理。在处理客户投诉的过程中，物业服务企业应掌握一定的原则。

1. 换位思考原则

物业服务人员在处理客户投诉时，必须以维护企业利益为准则，学会换位思考；以尊重客户、理解客户为前提，用积极诚恳、严肃认真的态度，控制自己的情绪；以冷静、平和的心态先安抚客户，然后再处理投诉问题。不能因为一个小小的失误导致投诉处理失败，从而引发马太效应，导致一系列投诉事件发生。

2. 有法可依原则

物业服务企业要面对形形色色的投诉，如果不加以甄别，认为每件投诉都是有效的，那么，一方面会让企业承担额外的责任；另一方面还会让企业成为客户的申诉地，出现工作职责不清的情况。因此，在受理客户投诉时，物业服务人员在稳定客户情绪的同时，必须区分投诉事件是有效投诉还是无效投诉，以提高企业的工作效率。当然，这就要求物业服务人员熟悉物业管理的相关法律法规，做到有法可依。

3. 快速反应原则

投诉事件的发生具有偶然性，且客户大多是带着情绪而来，若物业服务企处理不当，小则导致客户拍案大怒，引起关联客户围观，影响企业品牌形象；大则导致客户向新闻媒体爆料，给企业造成极大的负面影响。这就要求物业服务企业必须快速、准确地识别客户投诉的有效性，当场可以解决的，必须尽快解决；需要其他部门配合解决的，必须积极协调相关部门给予解决；若现场无法解决，可与客户协商投诉处理的具体时间、期限，并在规定期限内解决。

💡 **请牢记：**

面对重大的投诉问题，接待人员一定要在第一时间向上级反映，第一责任人要亲自处理，同时，要正确把握与新闻媒体的关系。

4. 适度拒绝原则

在处理客户投诉时，若是职责范围内的有效投诉，物业服务企业应按照客户投诉处理流程处理；若为无效投诉，在时间、人力允许的前提下，物业服务企业可以协助解决，否则应该拒绝，以免客户养成事事依靠物业服务企业的习惯，给企业的日常管理带来诸多不便。

5. 及时总结原则

投诉在很多时候都无法避免，若物业服务企业只在意投诉处理过程，而不注重事后的跟踪及投诉案例的分析、总结、培训，同类投诉事件仍会再次发生。如此周而复始，客户会不断传播企业的负面信息，导致企业声誉受损。

古人云：吃一堑，长一智。今天的总结、改进、培训，一方面可以提高相关人员的技术水平；另一方面也可以减少客户投诉，为企业下一步工作打下良好的基础，同时能提升客户满意度，增强企业竞争力，扩大企业品牌知名度。

二、投诉处理的流程

对于客户因对物业服务不满意而提出的书面、口头上的异议、抗议、索赔和要求等一系列问题，物业服务企业应该有一套规范的处理流程。

投诉的常规处理程序，如图 5-6 所示。

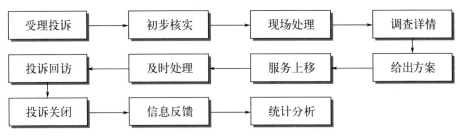

图 5-6 投诉的常规处理程序

1. 受理投诉

（1）来访接待

客户来访的接待流程与要求如下。

① 客户服务中心受理人员依照来访接待流程热情接待。

② 受理人员与客户应保持 1 米左右的距离，且态度诚恳，真诚地看着对方的眼睛，不要有不耐烦的表情出现，要耐心倾听客户的投诉，不轻易打断客户说话，待客户将情况说明后，再与其沟通。

③ 待客户讲完后，进一步询问有关情况，并填写"客户投诉处理登记表"，如表 5-1 所示。

表 5-1　客户投诉处理登记表

投诉人		投诉方式	电话□　现场□　其他□
住址及工作单位		联系电话 / 手机	
反映内容			
		接待人：　　　年　　月　　日　时间	
处理反馈情况			
		责任人：　　　年　　月　　日　时间	

④ 对于客户不清楚、不理解的问题，首先向客户说明情况，取得客户的谅解，以免造成误会。

 相关链接 ‹···

如何接待情绪激动的客户

情绪激动的客户是指在投诉过程中脾气相对急躁的客户。面对此类客户，受理人员要以包容的心态认真对待他们的投诉。

（1）接待情绪激动的客户时，受理人员要与对方保持 1 米左右的距离，且态度诚恳，真诚地看着对方的眼睛，不要有愤怒的表情出现。

（2）等待客户情绪缓和后，再与其沟通。

（3）当向客户解释无效、处理结果达不到客户要求，或者接待 3～5 分钟客户仍很激动时，应立即将服务上移，安排领导与其沟通。

（4）在客户面前联系客服领导或者其他领导给予协助。

（5）在客服领导来到之后，主动向客户介绍，并向客服领导说明情况。

（2）来电接待

通过电话与客户沟通时，因与客户相互看不到，就要求受理人员在接待过程中耐心倾听、及时反馈，以消除客户对物业工作的误解，重新与客户建立融洽、信任的关系。接待的流程与要求如下。

① 电话铃响 3 声内接听，并使用规范的礼貌用语。

② 接听电话时要声音温和、语气平和、语言标准，并对照仪容镜检查自己的微笑，时时提醒自己不要被客户影响。同时，要以高度的热情感染电话另一端的客户，尽量取得客户的认可。

③ 受理人员要耐心倾听客户的投诉，不轻易打断对方，待客户将情况说明后，再与其沟通，并填写"客户投诉处理登记表"。

④ 对于客户不清楚、不理解的问题，要向客户说明情况，以争取客户的谅解。

⑤ 与情绪不佳的客户打交道时，受理人员要避免与其争吵、争辩，不要让客户对物业服务企业产生抵触，造成投诉上移。

⑥ 对于物业管理责任造成的投诉，首先向客户致歉，并表示尽快整改；对于超出自身范围且不知如何处理的投诉，要向客户致歉，并征询客户意见，安排直

接上级或相关人员与其沟通。

⑦ 获得客户同意后，将电话转交给客服中心领导。

⑧ 客服中心领导在沟通过程中，同样要按上述要求，给予客户合理的解答。

2. 初步核实

听完客户投诉后，应将投诉内容进行核实。受理人员能够直接答复客户的，要在现场直接处理；对超出受理人员职责范围或不能立即答复客户的投诉，要与客户约定答复的时间。

3. 现场处理

（1）对于因管理责任造成的投诉，受理人员首先要向客户致歉，并表示尽快整改，给客户一个明确的答复。

（2）如客户不满意，或投诉超出受理人员的职责范围，要向客户致歉，并安排相关责任人员与其沟通。

（3）在客户面前联系相关责任人员，并请客户稍等。

（4）在相关责任人员到来之后，主动向客户介绍，并引导相关责任人员与其沟通。

（5）相关责任人员与客户沟通后，现场能够处理的，应立即向客户作出解释，并提出整改意见。

（6）受理人员应对投诉情况进行详细记录，并请客户签署意见，然后关闭投诉。

（7）现场无法立即答复客户的，受理人员应先进行记录，然后与客户约定具体的答复时间（24小时内）。

（8）对于不能在24小时内及时、有效处理的投诉，也应如实告知客户。

（9）对于非物业服务企业能解决的投诉，受理人员应进行记录，积极与相关单位沟通协调，并及时向客户通报进展状况。

4. 调查详情

受理人员、客服中心领导在接到客户投诉后，应根据投诉内容，安排相关人员展开进一步调查，掌握事情的全过程，以便为正确处理投诉事件作好铺垫。

（1）因管理责任造成的投诉，首先向客户致歉，并表示尽快整改；情节严重的，需采用上门或电话方式进行道歉。

（2）遇到特殊事件，应先稳定事态不要扩大，然后立即向相关单位或部门反映。

5. 给出方案

受理人员应及时了解投诉者的心态、目的、要求，并进行详细分析，作出正确的判断，以便找到问题所在，给出合理的解决方案。

（1）在接到客户投诉后，受理人员应将问题的解决办法告知对方，并礼貌地征询对方意见。

（2）如果投诉内容超出受理人员的工作职责及能力范围，应及时通知相关负责人予以处理。

（3）对于不能解决的问题，应婉转地向客户讲清楚，以求得客户的理解。

6. 服务上移

（1）对于受理人员无法解释、处理的投诉，应上移至相关负责人。

（2）相关负责人接到受理人员上移的投诉后，应本着积极、负责的工作态度，迅速了解相关情况，及时与客户进行沟通，同时根据调查情况向客户提出解决方案，并征询客户意见。

（3）如果客户投诉的问题需要业委会或政府相关部门提供支持或帮助，物业服务企业应积极与之沟通，同时，对事情进展持续关注与跟踪。

7. 及时处理

受理人员应以积极、正面的态度，迅速处理投诉问题。

（1）与客户就投诉问题的解决方案达成一致后，应在当日处理完毕，并在24小时内回复客户。

（2）如遇特殊情况，当天无法处理完毕的，受理人员应及时将情况反馈给客户，并明确处理日期。

（3）投诉问题的处理如需其他部门或人员配合，相关部门及人员要给予积极的支持，不可拖拉或推诿，必要时可由客服中心领导进行协调。同时，受理人员应及时将工作进度或完成情况反馈给客户，以免因等待时间过长而让客户产生误解。

8. 投诉回访

（1）投诉处理完毕后，受理人员应进行回访，客服中心经理负责跟踪投诉处理全过程。

（2）回访时，受理人员应就投诉受理过程、处理措施、处理结果等向客户进行询问，回访可通过电话、上门访谈和调查问卷等方式进行。

（3）得到客户认可后，受理人员应将结果记录在表 5-2 所示的"投诉处理回访单"中，然后将投诉关闭。

表 5-2　投诉处理回访单

投诉人姓名		联系方式	
投诉时间及内容：			
受理人、处理办法及处理结果：			
受访人对投诉处理的意见：			
回访人		回访日期	

（4）如果客户对处理结果仍不满意，受理人员应将问题上移至相关部门做进一步处理。

（5）如果客户明确表示不方便接受回访，则以处理完毕后一周内无客户再次投诉作为投诉关闭的依据。

（6）图 5-7 所示的几种情况，无须回访。

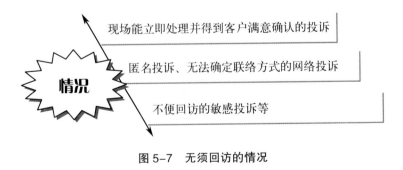

现场能立即处理并得到客户满意确认的投诉

匿名投诉、无法确定联络方式的网络投诉

不便回访的敏感投诉等

图 5-7　无须回访的情况

请牢记：

如果客户因自身原因不接受回访或访谈，受理人员一定要记录清楚，以免客户再次投诉。

9.投诉关闭

（1）在投诉处理完毕后，受理人员应对投诉的处理过程及结果进行详细记录并存档，相关要求如图 5-8 所示。

（2）对客户的投诉及处理情况应每日记录、每月汇总，并填写表 5-3 所示的"客户投诉分类统计表"，上报给客服中心。

（3）对有参考价值的投诉进行分析整理，并作为培训案例，丰富员工的知识，提高员工的应变能力，提升企业的服务质量。

要求一：客户投诉处理完毕后，可将客户投诉资料统一永久保存，也可输入工作软件中定期备份保存

要求二：客服中心应指定专人收集投诉信息，并进行统计分析，分类保存

要求三：重大投诉应单独立卷保存

图 5-8 投诉信息存档的要求

表 5-3 客户投诉分类统计表

序号	日期	客户姓名	住址	联系电话	接待人	投诉内容	处理结果	投诉单编号

10. 信息反馈

（1）投诉信息发布要求

客服中心应将涉及公共部位、公共利益、客户纠纷的投诉和处理情况每月公布一次（如无此类投诉，可不用例行公布），公布的形式可以是小区公告栏、社区刊物、业主恳谈会等，目的是使客户及时了解投诉处理过程，增加与客户交流的机会。

投诉回复时限要求：当面、电话、口头投诉，应在当日回复；书面或邮件投诉，应在 2 个工作日内回复。

（2）投诉信息反馈要求

客服中心应对投诉信息的反馈作出明确规定，如表 5-4 所示。

表 5-4 投诉信息反馈要求

序号	投诉分类	反馈要求
1	所有投诉	应进行汇总分析，并在规定日期前报品质部
2	重大投诉	重大投诉指因物业服务工作失误导致的赔偿金额在 1000 元以上的投诉 应在 1 个工作日内报品质部和分管领导，处理完毕后应有详细的专题报告，包括投诉内容、投诉原因、处理过程和结果、经验教训和纠正措施等方面
3	热点投诉	热点投诉指 1 个月内累计 3 次以上不同投诉人的相同投诉或 3 人以上的集体投诉 应在 1 周内向品质部和分管领导报告投诉内容、投诉原因分析、目前处理情况、投诉处理难点分析及需协助的事项。处理完毕后 1 周内将投诉内容、投诉原因、处理情况、经验教训等形成专题案例报告，报品质部和分管领导

11. 统计分析

（1）客户投诉统计

客服中心应每月对发生的客户投诉统计一次。统计的内容包括对投诉产生原因及投诉性质的分析，投诉总件数、具体内容，采取的纠正措施（即拟采取的预防措施）及经验教训，投诉处理结果（是否关闭）等。

① 应包含以各种途径受理的各种形式的投诉，如来访、来电、书信、电子邮件、网上论坛、报刊等形式的投诉，以及上级公司、相关单位反映的与物业服务相关的投诉。

② 所有受理的投诉，客服中心都应予以完整记录，并指定专人负责核实，确定是否需要进行统计分析。

③ 对于同一客户提出的不同投诉，应在对应的投诉类型中分别统计。

④ 多人多次对同一事件的投诉，按一件投诉统计，但应在投诉内容中具体说明投诉人数、次数及影响程度。

⑤ 对于网上投诉，应按投诉内容区分。多人多次对同一事件投诉或跟帖的，按一件投诉统计，但应具体说明跟帖的热度及影响程度，对于跟帖中出现的新投诉应另行统计。

⑥ 所有投诉均应按产生的原因进行分类统计，而不应根据客户所描述的表象进行分类。

⑦ 投诉是否关闭，以回访时客户对投诉处理结果是否满意为依据；对于无须回访的投诉，以处理完毕后一周内无再次投诉作为投诉关闭的依据。

（2）客户投诉分析

投诉分析包括对投诉总数、投诉类型、投诉趋势的比较和分析，对重点投诉、代表性投诉的深度剖析等。物业服务企业应深层次挖掘投诉与项目定位、客户群体、服务标准、收费标准、资源成本等方面的关系，以便为今后的服务提升提供依据。

① 投诉总体分析。包括投诉总数及发展趋势分析（各时间段的纵向比较）、各月投诉量及产生原因分析，如投诉与新业主入住或新员工培训不到位等因素有关。

通过对投诉总数及相应的业务流程进行分析，可以发现工作中的不足之处，并采取措施避免类似投诉发生。

② 投诉重点分析。主要是对投诉比较多的业务进行分析，具体可参照影响服务过程与质量的人、机、料、法、环等因素，如表5-5所示。

表5-5　客户投诉分析的重点

序号	因素	说明
1	人	因物业服务人员因素引起的投诉，具体分为： （1）服务态度，即职业道德、敬业精神、服务礼仪、服务心态等 （2）服务规范，即是否严格按照有关规定、流程、标准、时限提供服务 （3）服务技能，即是否具备岗位所需的基本技能、专业知识和服务技巧等

续表

序号	因素	说明
2	机	因物业服务设施因素引起的投诉，具体分为： （1）外观完好性，即服务设施外观是否完好、整洁，要求没有破损与安全隐患，配件与说明书齐全等 （2）质量合格性，即服务设施的质量是否合格，是否经常失效等 （3）功能适用性，即服务设施的功能是否适用，是否充分发挥了功效，达到了预期的目的
3	料	因物业服务过程中使用的物料（主要是低值易耗品）或提供的信息等因素引起的投诉，具体包括物料耐用性、经济性，信息准确性
4	法	因物业服务规范、流程、标准、管理方法、服务方式等因素引起的投诉
5	环	因与物业服务有关的外部环境因素引起的投诉

③ 投诉个案分析。主要是对具有代表性和影响面大的投诉进行分析，包括投诉要点及突出的问题，投诉的原因、处理过程和结果，事件恶化的原因，经验教训和纠正措施等内容。

④ 投诉情况总结及建议。对投诉的处理措施、建议也要进行分析，以便从中总结一些有效的方法。

 相关链接 ....

处理客户投诉的经典话术

1. 感同身受

（1）我能理解。

（2）我非常理解您的心情。

（3）我理解您为什么会生气，换成是我也会跟您一样的。

（4）请您不要着急，我非常理解您的心情，我们一定会竭尽全力为您解决的。

（5）如果我碰到这么多麻烦，也会是您现在这样的心情。

（6）非常抱歉发生这样的事，给您带来了不便，不过我们应该积极面对才是，对吗？

（7）没错，如果我碰到这么多麻烦，也会感到委屈的。

（8）我非常理解您的心情，请放心，我们一定会调查清楚，给您一个满意的答复。

（9）我非常理解，请放心，我们一定会查证清楚，及时给您回复。

（10）听得出来您很着急。

（11）感觉到您有些担心。

（12）我能体会到您很生气，我建议……您看行吗？

（13）我能感受到您的失望，我可以帮助您……

（14）我能感受得到，××情况／业务给您带来了麻烦。

（15）如果是我，我也会很着急的……

（16）是挺让人生气的……

（17）您好，给您带来这么多的麻烦，实在是非常抱歉，如果我是您的话，也会很生气，请您先消消气，给我几分钟时间为您说一下原因可以吗？

（18）您说得很对，我也有同感。

（19）给您造成了不便非常抱歉，我的心情跟您一样。

（20）您的心情我可以理解，我马上为您处理。

（21）没错，如果我碰到您这样的麻烦，相信也会是您现在这样的心情。

2. 被重视

（1）×先生，您都是我们××年的业主了。

（2）您都是长期支持我们工作的老业主了。

（3）您对我们的业务这么熟悉，肯定是我们的老业主了，不好意思，我们出现这样的失误，太抱歉了。

（4）×先生／小姐，很抱歉之前的服务让您有不好的感受，我们对业主的意见是非常重视的，我们会将您说的情况尽快反馈给相关部门。

3. 用"我"代替"您"

（1）您把我搞糊涂了——（换成）我不太明白，您能否再重复下您的问题。

（2）您搞错了——（换成）我觉得可能是我们的沟通存在误会。

（3）我已经说得很清楚了——（换成）可能是我未解释清楚，令您误解了。

（4）您听明白了吗？——（换成）请问我的解释您清楚吗？

（5）啊，您说什么？——（换成）对不起，我没有听明白，请您再说一遍好吗？

（6）您需要……——（换成）我建议……／您看是不是可以这样……

4. 站在业主角度说话

（1）这样做主要是为了保护您的利益。

（2）如果谁都可以帮您办理这么重要的业务，那您的利益是没有保障的。

（3）我知道您一定会谅解的，这样做就是为了保障全体业主的利益。

5. 让业主放心

（1）非常感谢您的建议，我们会向领导反映，正因为有了您的建议，我们才会不断进步。

（2）（业主不满意但不追究时）谢谢您的理解和支持，我们将不断改进服务，让您满意。

（3）先生，您都是我们的老业主了，我们当然不能辜负您的信任……

（4）这次给您添麻烦了，其实，我们也挺不好意思，您所说的情况我们将记录下来，并反馈给相关部门，尽可能避免该问题再次发生……

（5）非常感谢您对我们的关心和支持，我们会尽快完善。

（6）非常感谢您向我们提供这方面的信息，这会让我们的服务变得更好。

（7）这个问题解决后，您尽管放心使用。

（8）感谢您对我们工作的支持，希望您以后能一如既往地支持我们。

（9）感谢您对我们服务的监督，这将让我们变得更好。

（10）感谢您对我们的支持，您反馈的问题，将为我们日后改进工作提供重要参考。

（11）谢谢您向我们反映这些问题，我们会加强培训，也欢迎您对我们的工作随时进行监督。

（12）谢谢您的反馈，该问题我们非常重视，目前除了……我们还提供了其他渠道。如果有更好的建议，也希望您提供给我们。

（13）对于您刚才反映的情况，我们会不断地去改善，希望能给您带来更好的服务。

（14）让您产生这样的疑惑，实在抱歉。

（15）非常感谢您提供给我们宝贵的建议，有您这样的业主是我们的荣幸。

6. 拒绝的艺术

（1）×小姐，我很能理解您的心情，但非常抱歉，您的要求我们暂时无法满足，我先把您遇到的情况反馈给相关部门，查证后再与您联络好吗？

（2）您说的这些，确实有一定的道理，我们一定会尽力帮助您，不能做到的地方，也请您谅解。

（3）尽管我们无法立刻去处理或解决这件事情，但我可以努力做到……

（4）感谢您的支持！请您留意以后的通知。

（5）×先生/小姐，感谢您对我公司……活动的关注，目前我们还没有收到最新的通知，请您迟点再咨询我们。

（6）非常感谢您的关注，我们现在暂时没有进展，请您稍后咨询。

（7）×先生/小姐，非常感谢您反馈的问题，我们会尽最大努力改进，也希望您能一如既往地支持和监督我们的工作。

（8）×小姐，您的心情我能够理解，那您希望我们怎样帮您呢？

（9）×先生，您是我们的业主，让您满意是我们的工作职责，我们一定会尽力帮您。

7. 缩短通话时间

（1）您好，为了方便您了解（记忆），我会将具体内容通过短信（邮件）发给您，请您留意查询。

（2）因涉及的内容较多，我通过邮件方式发给您详细资料，好吗？

8. 如何让客户"等"

（1）不好意思，耽误您的时间了。

（2）×先生/小姐，请您稍等片刻，我马上为您查询。

（3）×先生/小姐，谢谢您的等待，已经帮您查询到……/查询的结果是……

（4）请您稍等片刻，马上就好。

（5）由于查询数据需要一些时间，不好意思，要耽误您一会。

（6）感谢您耐心等候。

9. 记录内容

（1）请问您方便提供具体情况吗（详细地址、时间、原因等）？我们会详细记录，尽快查询处理，感谢您的配合。

（2）谢谢您向我们提出宝贵的意见，我们会详细记录并向有关部门反映。

（3）我非常希望能够帮助您，对于这件事，我们一定会派专人尽快帮您处理，请您放心。

（4）×先生您好……现在是普及阶段，非常感谢您把我们的不足之处及时反馈给我们。

（5）这可能是我们工作人员的失误，我们会马上核实这个问题，请放心，我们会给您一个满意的处理结果。

（6）×先生/小姐，您的提议我很认同，我会记录下来，并尽快实施，非常感谢您的宝贵意见。

（7）非常抱歉，给您造成了不便，请您稍等，我们先核实一下，好吗？

（8）非常抱歉，给您造成了不便，应该是某个工作环节出现了问题，请您放心，如果是我们的问题，我们一定会负责到底，给您一个说法。

10. 其他

（1）如果您对我的解释不满意，请您提出宝贵建议，以便我以后改进（与客户陷入僵局时）。

（2）您好，您的手机彩声很动听 / 特别 / 不错 / 有个性等（需要外呼时）。

（3）您的满意是我们的工作目标，祝您有个阳光般的好心情（当解决了客户的问题，他表示感谢的时候）。

（4）请输入您的密码进行验证 / 请关注页面提示。

（5）请您放心，您的物业费我已帮您查询过，没有问题。

（6）请您放心，您反映的问题已为您记录。

（7）别着急，请您慢慢讲，我会尽力帮助您的。

（8）感谢您的批评指正，我们将及时改进，不断提高服务水平。

（9）谢谢，这是我们应该做的。

（10）我们会将您反映的问题与相关部门沟通，请您留下联系电话，我们将在 × 小时内给您答复。

（11）也许我说得不够清楚，请允许我再解释一遍。

（12）请问您具体遇到了什么麻烦？您放心，我们一定会尽力帮您。

（13）请告诉我们您的想法，我们很乐意聆听。

（14）× 先生 / 小姐，非常感谢您把您遇到的麻烦及时告诉我们。

（15）您是我们非常好的业主，我们会第一时间帮助您！

11. 结束语

（1）祝您中大奖！

（2）路上要注意安全。

（3）祝您生意兴隆！

（4）希望下次有机会再为您服务！

（5）请路上小心。

（6）祝您一路顺风。

（7）天气转凉了，记得加衣保暖。

（8）今天下雨，出门请记得带伞。

（9）祝您周末愉快！

（10）祝您工作愉快！

（11）祝您生活愉快！

三、投诉处理的策略

每一位投诉受理人都有自己独特的处事方法和技巧，不同的方法和技巧适用于不同的场合。作为一名优秀的物业管理人员，只有掌握并灵活运用多种消除异议的技巧，才能在处理客户投诉时得心应手。

1. 耐心倾听，不与争辩

物业管理人员一定要以平和的心态来认真、耐心听取客户的投诉，让客户将问题表述完整。在倾听的同时，要用"是""对""的确""确实如此"等语言，以及点头等方式表示自己的同情。千万不要打断客户说话，否则会让客户形成以下印象。

（1）客户的投诉是明显错误的。

（2）客户的投诉是微不足道的。

（3）没有必要听客户说话。

与此同时，物业管理人员还可以通过委婉的方式不断提问，及时弄清投诉的原因。对那些失实、偏激或误解的投诉，物业管理人员千万不要流露出任何不满的情绪，要对客户的心情表示理解，争取最大限度地与客户进行感情交流，使客户感受到物业管理人员诚恳的态度。

物业管理人员千万不能钻"牛角尖"，或做任何敌对性、辩解性的反驳。因为，客户前来投诉，是对物业服务企业的某些方面不满或有意见，心里有怨气，此时若物业管理人员一味解释或反驳，客户会认为物业管理人员对其不尊重，反而加剧客户的对立情绪。

2. 详细记录，抚慰心情

物业管理人员在认真倾听客户投诉的同时，还要详细做好记录，内容应包括投诉的时间、地点，投诉者姓名、联系电话（含手机、家庭电话、单位电话、应急联络电话等）、居住地，被投诉者姓名、部门，投诉事项，投诉的要求与目的，接受或处理人等。

做好记录，不仅可以使客户讲话的速度由快转慢，缓解其激动的心情，还可以安慰客户。

3. 复述问题，加强沟通

当记录完客户投诉之后，物业管理人员应对投诉内容复述一遍，以便与客户进一步确认。此时可以说：

"××先生、女士，您是说……吗？"

"××先生、女士，您认为……对吗？"

"××先生、女士，您所投诉的问题是不是这样……"

提问式的复述，会让客户给出肯定或否定的回答。当客户认同物业管理人员的复述后，会说"是的，是的，就是这样"或"对，我就是这个意思"。当客户对投诉内容表达不清楚，或对物业管理人员的复述不认同时，会说"不，不是这个意思，我是说……"等。

物业管理人员要对客户的遭遇表示歉意、理解或同情，让客户心理得以平衡，此时可以说：

"谢谢您告诉我这件事情！"

"这件事情发生在您身上，我表示非常抱歉／难过！"

"是的，是的，我完全理解您现在的心情。"

"如果我遇到这件事，也会这样的。"

如果客户在投诉中大叫大嚷，拍桌子，踢凳子，物业管理人员应上前主动表示关怀，并说一些体贴入微的话，如：

"不好意思，请您消消气，不要这样。"

"请您不要生气，这样会伤了您的手／脚／身体。"

物业管理人员要有"角色转换""将心比心"的心态，设身处地地从客户的角度看待其遇到的麻烦和不幸，最大限度地拉近与客户的距离。正如一位经验丰富的公关专家所述：在与客户的接触中，应该表示自己很能理解客户的心情，尤其是在客户生气、发怒时，更应该说一些为客户着想的话。这种与客户心理上的沟通往往会使双方的关系发生微妙的变化，可以让双方从敌对转向合作，从僵硬转向融洽，从互不让步转向相互让步，如此才有利于问题的解决。

物业管理人员要尽可能投其所好，找出共鸣点，这样能更接近投诉者，与之达到心与心的交流与沟通，正所谓"不打不相识"。同时，在交流过程中要富有幽默感，因为在人与人的交往中，幽默往往具有一种奇妙的力量，就像润滑剂，可以使原来的紧张变得平和，起到"化干戈为玉帛"的作用。

4. 确定类别，加以判断

对于客户的投诉，物业管理人员应先确定投诉的类别，再判定该投诉是否合理。

（1）如属不合理的投诉，物业管理人员应该迅速答复客户，婉转说明理由或情况，真诚求得客户的谅解。同时要注意，对于不合理投诉，只要向客户解释清楚就可以了，不要过多纠缠。

（2）如属合理有效的投诉，物业管理人员一定要站在图 5-9 所示的立场解决问题。

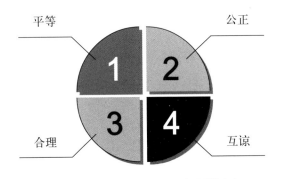

图 5-9　物业管理人员处理投诉的立场

物业管理人员在处理投诉问题时，要紧扣投诉的关键点，不要随意引申。要合理估计解决问题所需要的时间，最好能告诉客户确切的时间。如果没有把握的话，要向客户说明情况，相信客户会通情达理的。

5. 立即行动，尽快处理

物业管理人员受理客户投诉后，要立即采取措施，尽快处理。拖延是产生新投诉的根源。及时处理才是赢得客户信赖的最好方式。

同时，还要特别注重投诉处理的质量，这直接关系物业服务企业的声誉与形象，投诉处理不好，会将好事变成坏事，使物业服务企业失去客户的信任，最终导致"大意失荆州"的局面。

6. 注重时效，及时反馈

投诉处理完毕后，物业管理人员要把投诉处理的结果以电话、信函等方式直接反馈给客户，这是物业管理工作的重要环节。倘若失去这一环节，物业管理人员的一切努力与辛苦将付诸东流。

客户口头投诉可以用电话形式回复，一般不应超过 1 个工作日；客户来函投诉应以回函形式答复，一般不超过 3 个工作日，特殊情况不得超过一周。

回复客户可以表明客户的投诉已被妥善处理，也可以表明物业服务企业的工作时效。

7. 表示感谢，改进服务

客户能向物业服务企业投诉，表明其对物业服务企业还持信任态度。物业服务企业应对客户的信任表示感谢，并把客户的投诉加以整理分类。同时要检讨、反思企业的不足，以便更好地完善和改进管理及服务工作。

 请牢记：

物业管理人员处理完客户投诉后，最好给每一位投诉者发一份"感谢函"，感谢他们的投诉，感谢他们的信任与支持。

 **相关链接**〈⋯⋯⋯⋯⋯⋯⋯⋯⋯⋯⋯⋯⋯⋯⋯⋯⋯⋯⋯⋯

客户投诉的处理技巧

处理问题的过程最关键。处理客户投诉与抱怨是一项复杂的系统工程，尤其需要经验和技巧的支持。妥善处理客户投诉，绝不是一件易事，如何才能处理好客户的抱怨与投诉呢？

技巧一：倾听是解决问题的前提

在倾听客户投诉的时候，不但要听清他们表达的内容，还要注意他们的语调与音量，这样有助于了解客户的内在情绪。同时，要通过解释与澄清，确保真正了解客户的问题。

认真倾听客户，向客户复述投诉内容，可表明客服人员的诚意和尊重。同时，也给客户提供了一个表达真正意图的机会。

技巧二：认同客户的感受

客户在投诉时会表现出烦恼、失望、泄气、愤怒等情绪，客服人员不应当把这些表现理解成客户对个人的不满。特别是当客户发怒时，客服人员可能会想：我的态度这么好，客户凭什么对我发火？要知道，愤怒的情感通常会通过一个载体来表现。人一脚踩在石头上，会对石头发火，飞起一脚将它踢远，尽管这不是石头的错。因此，客户仅仅是把客服人员当成了发泄对象而已。

客户的投诉是有理由的，理应得到重视和迅速、合理的解决。所以要让客户知道客服人员是理解、关心他们的。

无论客户是对还是错，至少他们的情绪与要求是真实的，客服人员只有与客户的世界同步，才能真正了解他们的问题，找到最合适的交流方式，从而成功地处理投诉问题。

技巧三：引导客户情绪

客服人员在道歉时有时会感到不舒服，因为，这似乎是在承认自己有错。其实，"对不起"或"很抱歉"并不一定表明自己或公司犯了错，有时是对客户不愉快的经历表示遗憾与同情。不用担心客户在得到客服人员的认可后会越发强硬，认同只会将客户的思维引向解决问题。同时，客服人员也可以运用一些方法来引导客户的情绪，平息客户的愤怒。

（1）"何时"法提问

一个在气头上的人无法进入"解决问题"的状态，客服人员首先要做的是，逐渐使对方的火气减下来。对于那些难听的抱怨，应当用一些"何时"问题来冲淡其中的负面成分。

客户："你们根本就是瞎胡搞，不负责任才导致了今天的局面！"

客服人员："您什么时候开始觉得我们没能及时替您解决这个问题？"

而不应当回答："我们怎么瞎胡搞了？这个局面跟我们有什么关系？"

（2）转移话题

当对方发火、指责时，客服人员可以抓住一些关键内容扭转方向，缓和气氛。

客户："你们这么做，把我的生活彻底搅乱了，我还上有老下有小。"

客服人员："我理解您，您的孩子多大啦？"

客户："嗯……6岁半。"

（3）间隙转折

暂时停止对话，找有决定权的人做一些变通。

"稍候，让我和高层领导请示一下，看我们还可以怎样来解决这个问题。"

（4）给定限制

有时客服人员虽然做了很多尝试，但对方依然出言不逊，甚至不尊重客服人员的人格，客服人员可以采用较为坚定的态度给对方一定限制。

"×先生，我非常想帮助您。但您的情绪如果一直这样激动，我只能和您另外约时间了，您看呢？"

技巧四：表示愿意提供帮助

正如前面所说，当客户关注如何解决问题时，客服人员应表示乐于提供帮助，这样自然会让客户感到安全、有保障，从而进一步消除对立情绪，形成依赖感。

技巧五：提供解决方案

针对客户投诉，每家公司都应有各种预案或解决方案。客服人员在提供解决方案时要注意以下几点。

（1）为客户提供选择

通常，一个问题的解决方案不是唯一的，给客户提供选择机会，会让客户感受到尊重。同时，客户选择的解决方案，客服人员在实施的时候也会得到客户的认可和配合。

（2）真诚地向客户承诺

有些问题比较复杂或特殊，客服人员不确定该如何处理，那么应诚实地告诉客户，并表示会努力寻找解决的方法，然后约定回复客户的时间。客服人员一定要准时回复客户，即使问题仍未解决，也要向客户说明原因及事情的进展，并再次约定答复时间。客服人员的诚实会更容易得到客户的尊重。

（3）适当地给客户一些补偿

为弥补公司操作中的一些失误，客服人员可以在解决问题时，给客户一些额外的补偿。很多公司都会给客服人员授权，灵活处理此类问题。但要注意的是，将问题解决后，一定要改进工作，以免今后发生类似的问题。

四、投诉处理的利用

客户投诉是连接客户和企业的纽带，是一条很重要的信息通道。物业服务企业可以通过对投诉问题进行分析来改进企业的质量管理体系，并为市场调查与潜在客户需求挖掘提供数据支持。

1. 投诉的价值

对于物业服务企业来说，客户对投诉的解决满意时，他们一般会继续支持企业的各项工作。

但是，那些投诉未得到处理的客户呢？他们大多会不断抱怨，心怀怨恨，也有可能向邻居们讲述自己遭受的恶劣服务。

由此可见，投诉对以服务为中心的物业服务企业来说非常重要。客户投诉既能暴露企业服务中的弱点和亟待改进的方面，还能为企业提供与客户进一步交流的机会。

2. 方便客户投诉

为了方便客户投诉，物业服务企业可采取图 5-10 所示的方式。

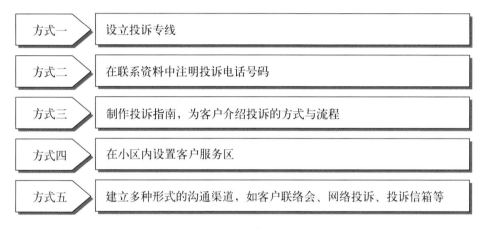

方式一	设立投诉专线
方式二	在联系资料中注明投诉电话号码
方式三	制作投诉指南，为客户介绍投诉的方式与流程
方式四	在小区内设置客户服务区
方式五	建立多种形式的沟通渠道，如客户联络会、网络投诉、投诉信箱等

图 5-10　方便客户投诉的方式

3. 投诉的答复

客户希望自己的投诉能够得到迅速、积极的答复。答复的方式是打电话还是写信，取决于投诉的性质。物业服务企业不仅要解决问题，还应努力提供高标准的服务。

4. 投诉的利用

有效的投诉处理程序固然重要，但物业服务企业还应该把客户投诉当作一种改进服务质量和服务流程的机会。物业服务企业应充分利用客户投诉，建立记录与分析程序，并采取有效的措施。

（1）确保所有投诉都有记录。

（2）评估投诉的严重性，确定是否需要采取补救措施。

（3）统计不同类型投诉的发生频率，从而确定补救措施的实施顺序。

（4）采取补救措施后，要监督服务流程的有效性。

第三节　客户投诉的防范

一、建立客户投诉处理机制

就物业服务企业来说，建立客户投诉处理机制，有利于加强客户投诉的管理，提高物业服务水平，树立品牌形象，提高客户的满意度和忠诚度。

1. 建立客户投诉处理机制的必要性

当客户气愤地说"投诉多少次了，你们就是没有结果"，如果我们回复"您是什么时候，对谁投诉的"必然会使客户与物业服务企业、开发商之间关系紧张，导致投诉升级。

因此，物业服务企业有必要建立客户投诉处理机制，确定"谁受理、谁跟进、谁回复"的原则，同时还要制定明确的、量化的服务标准、考核标准和执行制度。

2. 成立投诉处理组织机构

物业服务企业处理投诉时，一般都采取首问责任制。无论是哪方面的投诉，只要通过客服中心投诉，接待客户的首位客服人员必须受理投诉，然后根据内部职责分工，落实到相关部门或人员；相关部门或人员处理完毕后，将投诉案件转给首问责任人，由其反馈给投诉客户。首问责任人必须跟踪整个投诉案件的处理过程，与投诉客户保持沟通，随时接受询问。

（1）物业管理投诉处理组织机构的权限

①受理权。

②调查取证权。

③人员借用权。

④统筹处理权。

⑤督办权。

⑥处罚建议权。

（2）物业管理投诉处理流程

物业管理投诉处理流程，如图 5-11 所示。

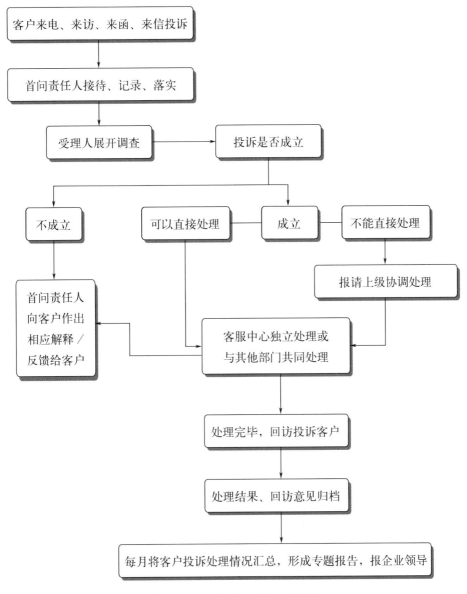

图 5-11 物业管理投诉处理流程

3. 制定投诉处理制度

即使是最优秀的企业,也不可能保证永远不发生失误或不引起客户投诉。因而,物业服务企业有必要制定完善的物业管理投诉处理制度。

下面提供一份某物业管理有限公司投诉处理办法的范本,仅供参考。

【范本 5-01】▶▶ ···

投诉处理办法

第一章 总则

第一条 为规范投诉处理的流程，确保投诉处理及时有效，为投诉人提供优质、高效的服务，根据相关制度，特制定本办法。

第二条 ××市××物业管理有限公司管辖范围内的投诉处理工作，均适用于本办法。

第三条 服务中心负责投诉的受理、处理、回访以及汇总、统计等工作，每月25日将投诉汇总报表报送督导室。

第四条 督导室负责监督投诉的处理情况和处理结果。

第二章 投诉的受理与接待

第五条 服务中心调度员或主管在接待投诉人时，应当热情、大方。未按"住户接待语言行为规范"使用文明用语的，每次扣罚30元；引起投诉的，每次扣罚50～200元。

第六条 调度员未按规定记录投诉项目（包括投诉人、投诉时间、投诉事项、联系方式以及接单人等内容）的，每次扣罚50元；投诉处理不及时或不准确的，每次扣罚100～200元。

第七条 调度员或主管在接听投诉人来电时，应使用规范用语，对于投诉人提出的简单问题，应进行详细解答。未按规定用语和标准接听电话的，每次扣罚当事人30元；解释工作不到位，引起投诉人误解或曲解，影响公司信誉的，每次扣罚当事人50～100元。

第三章 投诉的处理与回访

第八条 调度员在接到投诉人投诉后，无论是有效投诉还是无效投诉，均应在首报5分钟内将相关问题反馈至相关部门或相关人员。对于无效投诉，经证实后，调度员应对投诉人做好解释工作。对投诉置之不理的，每次扣罚当事人50元；引起投诉人再次投诉的，每次扣罚当事人100元。

第九条 对于紧急投诉，调度员未在3分钟内反馈和上报的，每次扣罚100元；引起严重后果的，每次处200元以上的罚款。对于其他投诉，调度员未在12小时内处理和反馈的，每次扣罚100元；导致投诉问题积压，影响投诉处理及时率，引起投诉人再次投诉的，每次扣罚200元。

第十条　调度员或主管安排投诉处理人员时，应当科学、合理，并将投诉事项详细告知投诉处理人。调度不合理或者交代不清的，每次扣罚50元；导致投诉问题不能及时解决的，每次扣罚100元。

第十一条　投诉处理人在接到调度员安排后，应及时有效地完成投诉处理工作。投诉处理人不服从调度员安排，态度恶劣的，每次扣罚200元。

第十二条　投诉处理人应在12小时内完成投诉的处理。如果未完成，应将处理情况及时反馈至服务中心。如与投诉人约定了处理时间，则以约定时间为准，但应有书面证明。对于未在规定时间内处理或反馈的，每次扣罚当事人50元。

第十三条　投诉处理人如果在规定时间内未处理完，应按照规定逐级上报，同时对投诉人做好安抚和解释工作。投诉处理人在投诉首报24小时之内未完成处理且不上报的，或对投诉人未做好安抚和解释工作的，每次扣罚50元；引起投诉人强烈投诉的，每次扣罚100元。

第十四条　处理投诉所采取的方式和方法应当合理、合法，解释工作应当到位。如果投诉处理人采取的方式不合理、不合法，或解释工作不到位，每次扣罚100元；引起投诉人强烈投诉的，每次扣罚200元，同时扣罚部门经理100元，扣罚主管领导100元。引发严重后果的，应作专门处理。

第十五条　公司推行投诉处理"首问责任制"。对于接到投诉的第一个人，不管是否为投诉处理人，都应当积极对待，反馈至相关部门，并跟进投诉处理情况，及时告知投诉人。对于未按规定跟进投诉，对投诉问题推诿，未及时反馈相关部门或人员，导致投诉处理工作没有落实的，每次扣罚当事人100元。

第十六条　投诉处理完毕后，投诉处理人应在12小时内将处理结果反馈至服务中心。对于未及时反馈，导致投诉汇总工作出现遗漏和延迟的，每次扣罚当事人50元。

第十七条　服务中心根据反馈的信息，对于已处理完的投诉，应在一周内进行电话回访。对于重大投诉，应安排相应的领导上门回访，回访应当有书面的记录或回执。未在规定时间内完成电话回访的，每次扣罚当事人30元；重大投诉的回访未在规定时间内完成，或无书面记录、回执的，每次扣罚当事人50元。

第四章　投诉处理的监督和检查

第十八条　服务中心于每月25日将投诉汇总报表报送督导室，如有漏报、错报和不报，扣罚服务中心主任200元、服务中心主管领导100元。督导室每月必须至少两次对投诉处理情况进行抽查，如未按规定时间抽查，扣罚督导室主任

200 元。

第十九条　各部门负责人应对本部门的投诉处理情况进行抽查。对于不能及时处理导致投诉处理率未达到 100% 的，扣罚相关责任人 300 元。

第二十条　以上违规行为如果连续发生两次，则给予当事人和部门领导加倍处罚；如果连续发生 3 次，则给予当事人停职处理。

第五章　附则

第二十一条　以上处罚均从责任人当月的奖金中扣除，直至扣完为止。

第二十二条　本办法由 ×× 市 ×× 物业管理有限公司服务中心负责解释。

第二十三条　本办法自下发之日起施行。

二、提升服务质量

物业服务企业的服务质量需要客户认同。客户满意度直接影响物业服务企业的形象，同时也是减少纠纷、预防投诉的决定因素。

1. 加强培训

物业管理属于服务性行业，物业服务企业提供的商品是无形的"服务"。基于这一点，物业服务企业开展各项工作都要以客户满意为宗旨，从点滴做起，不断改善服务质量。物业服务企业可从图 5-12 所示的两个方面来加强员工培训。

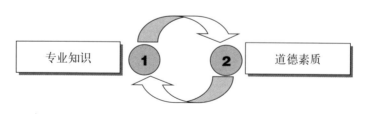

图 5-12　员工培训的内容

（1）专业知识培训

加强专业知识培训，可以不断提高员工的综合素质。优秀的员工是提升物业服务品质的保障，他们能够正确看待客户投诉，把客户投诉作为机会，不断改进和完善物业服务流程。

（2）道德素质培训

物业管理不同于其他行业，有时它对员工道德素质的要求要高于专业素质。

所以在对员工进行专业技能培训的同时，更应该注重个人道德素质的提升。

对员工进行道德素质培训，培养员工的沟通与协作能力，提高员工的亲和力，是物业服务企业的一项重要任务。要让每一个物业人员都能和客户建立良好的关系，积极热情地为每一位客户服务。而且要正确看待客户提出的意见，把其当作进步的机会，让客户理解、信赖企业。

> **请牢记：**
> 物业服务企业不仅要培养员工使用规范用语、进行规范操作的习惯，还要提升员工的服务技巧和应变能力，更要强化员工的服务意识和职业道德意识。

2. 树立服务理念

物业服务企业应当将管理与服务进行有效融合，切实满足客户多层面的需求，具体如图 5-13 所示。

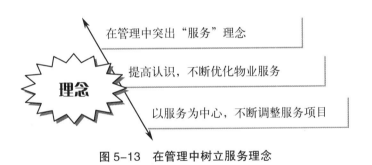

图 5-13　在管理中树立服务理念

（1）在管理中突出"服务"理念

传统的物业管理只注重对小区各项设备设施的维护，将工作重心放在了管理层面上。而现在的物业服务企业则强调在管理过程中突出为客户服务。

服务是物业服务企业的灵魂与主旨，因此，物业服务企业应当将客户满意作为一种责任与追求，尽最大可能为客户提供优质的服务。

（2）提高认识，不断优化物业服务

为了做好各项物业管理工作，物业服务企业应当提高对物业管理的认知，结合客户的需求，不断优化物业服务，及时更新物业服务理念。

① 对公共设施以及硬件设备进行有效的管理与维护，为客户提供优质的服务。

② 在细节层面进行优化处理，充分倾听客户的心声，提供有效的服务。

比如，为老人提供一些便利的服务；加强小区的绿化，为广大客户提供适宜的居住环境；加强安全隐患排查，确保客户居住安全。

③ 对不同类型的客户，采取不同的服务方式，以满足客户多层次的需求。比如，针对一些养宠物的客户，提供宠物看护服务。

（3）以服务为中心，不断调整服务项目

物业工作的开展应当适应市场的变化，物业服务企业应结合客户的最新需求，不断调整服务项目，具体措施如图 5-14 所示。

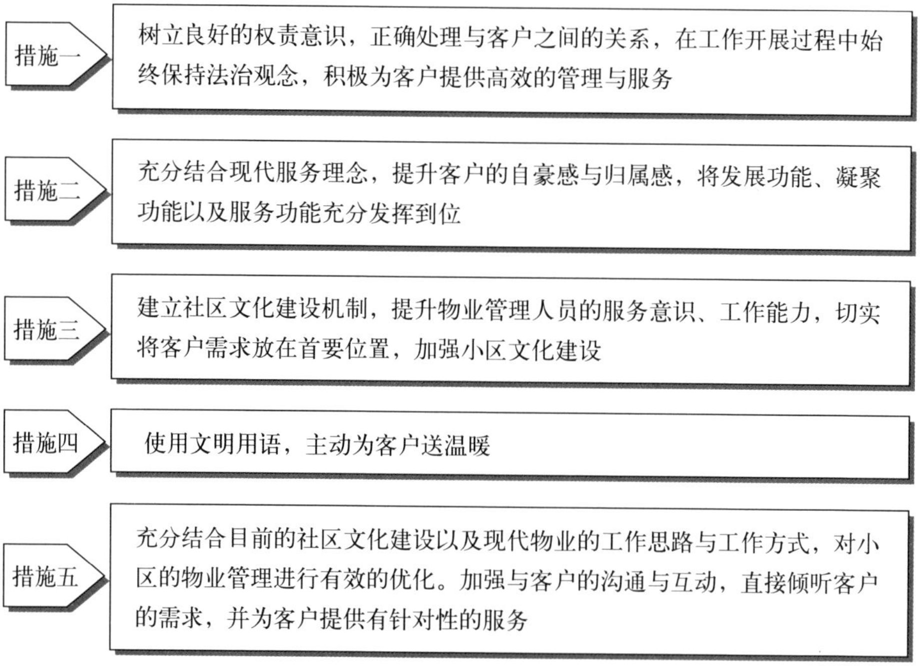

措施一　树立良好的权责意识，正确处理与客户之间的关系，在工作开展过程中始终保持法治观念，积极为客户提供高效的管理与服务

措施二　充分结合现代服务理念，提升客户的自豪感与归属感，将发展功能、凝聚功能以及服务功能充分发挥到位

措施三　建立社区文化建设机制，提升物业管理人员的服务意识、工作能力，切实将客户需求放在首要位置，加强小区文化建设

措施四　使用文明用语，主动为客户送温暖

措施五　充分结合目前的社区文化建设以及现代物业的工作思路与工作方式，对小区的物业管理进行有效的优化。加强与客户的沟通与互动，直接倾听客户的需求，并为客户提供有针对性的服务

图 5-14　以服务为中心调整服务项目的措施

3. 强化服务意识

要想把服务工作做好，首先要从管理者入手。促进管理者思想意识转变，提高员工思想道德素质和自身业务水平，增强员工的服务意识、创新意识和竞争意识，服务质量自然就会得到显著提升。

（1）促进管理者思想意识转变，强化服务意识

物业服务企业的管理者应加快思想意识转变，突出服务的重要性，加大培训力度，不断提高服务水平。同时加强对优秀企业的学习，逐步推动服务与管理向更高水平发展。

（2）加快人才培养，提高专业化服务水平

要想参与市场竞争，就必须能提供优质的产品。物业服务企业为市场提供的产品是服务，人才则是提供优质服务的关键。所以，加快人才培养，是开展各项物业工作的基础，物业服务企业可采取图5-15所示的措施。

引进一些有相关知识与经验的高层次管理人才

通过完善制度、定期培训、定期考核等手段，提高员工自身的素质

图5-15　加快人才培养的措施

（3）改善内部机制，增强员工市场竞争意识

要想提高服务水平，可以加强员工业务考核，做到奖罚分明；实施竞争上岗，对不符合要求的人员解聘；加强人才的优化，选聘专业化人才。

4. 规范服务行为

物业管理的本质是服务，客户对物业服务的要求越来越高，物业服务企业必须规范服务流程，努力提升服务水平，以满足客户的多方面需求，减少客户投诉，具体要求如图5-16所示。

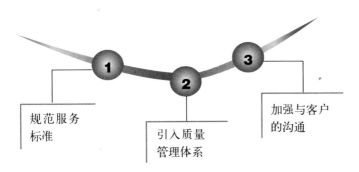

1　规范服务标准

2　引入质量管理体系

3　加强与客户的沟通

图5-16　规范服务行为的要求

（1）规范服务标准

员工服装统一、举止文明、态度和蔼、语言亲切，是物业服务的统一标准。只有在服务标准上下功夫，打造一支业务水平高、经验丰富、自身素质强的管理队伍，才能适应当今社会的发展，满足客户的需要。

（2）引入质量管理体系

物业服务企业引入 ISO 9000 质量体系，能够切实保障物业管理各项工作顺利进行，同时，还能提高物业服务水平。

通过质量体系认证的物业服务企业，一定会成为一个服务水平高、管理完善、客户信得过的好企业。

（3）加强与客户的沟通

物业服务企业应在提高服务质量的同时，加强与客户联系，及时把有关规定和要求传达给客户，并获得客户的理解、支持和配合，这也是减少客户投诉的重要保证。

物业管理属于感情密集型服务行业，客户在物业中停留时间较长，与物业服务企业合作的时间也较长，因此与客户进行感情交流尤为重要。物业服务企业可以采取图 5-17 所示的方式，加强与客户沟通。

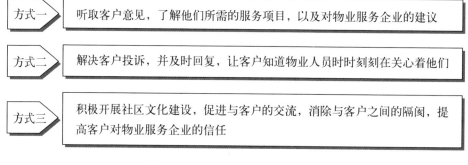

方式一　听取客户意见，了解他们所需的服务项目，以及对物业服务企业的建议

方式二　解决客户投诉，并及时回复，让客户知道物业人员时时刻刻在关心着他们

方式三　积极开展社区文化建设，促进与客户的交流，消除与客户之间的隔阂，提高客户对物业服务企业的信任

图 5-17　加强与客户沟通的方式

5. 提高服务手段

时代在不断进步，科技在不断发展，物业服务企业在日常工作过程中，应引入先进技术和设备，提高服务的质量和效率。

比如，日常收费采用专业的软件，可方便物业员工对客户收费资料的查询和存档；实施全方位电子安防监控系统、可视对讲系统、周界防越报警系统，可使物业服务更加方便快捷，客户生活更加舒适安全。

先进科技手段在物业管理中的运用，势必将提高物业服务水平与客户生活品质。

相关链接

高水准物业服务的九大要素

1. 服务态度——热情

物业管理属服务性行业，要求员工真正理解物业服务企业的精神——真诚、善意。员工应为客户热情服务，做到文明礼貌、语言规范、谈吐文雅、衣冠整洁、举止大方、称呼得当。

2. 服务设备——完好

完好的硬件设施是实现高水平物业管理的先决条件。物业管理中的设备包括房屋建筑设备、机器设备（如水泵、电梯）、清洁设备、通信设备、电器设备等。对这些设备应加强管理、精心维护，使之始终处于完好状态，降低设备的故障率。

3. 服务技能——娴熟

服务技能是物业人员应该具备的基本功。除了具有良好的服务意识外，物业员工还应具备较强的业务技能，比如，工程人员应具备过硬的设备维护技术，财务人员应具有丰富的财务管理知识等。

4. 服务项目——齐全

除了常规的服务项目外，物业服务企业还应努力拓展服务的深度和广度，如满足客户需要的特约服务和便民服务，使客户享受到无微不至的关怀和尽善尽美的服务。

5. 服务方式——灵活

除了规范管理、依法管理外，物业服务企业还应设身处地地为客户着想，努力为用户提供有针对性的服务，应尽可能在办事效率、工作时间、服务范围等方面为客户提供方便。

6. 服务程序——规范

服务程序是指服务的先后次序和步骤，它是衡量物业管理水平的重要标准之一。比如，电话接听、设备操作、装修审批、绿化清洁等，都要严格按程序执行，不可随心所欲。

7. 服务收费——合理

物业管理属有偿的服务行为，客户不交管理费而免费享受服务是不现实的。物业服务企业制定的综合服务收费标准应不高于政府的规定，物业服务企业开展的特约服务和便民服务，应该以满足客户需求为目的，以保底微利、以支定收为原则，切不可向客户乱收费或多收费。

8. 服务制度——健全

物业服务企业应建立健全规范、系统、科学的服务制度，以确保为客户提供稳定的服务。这些制度应有章可循、易于操作，切忌随意变化或以个人意志为主。

9. 服务效率——快速

服务效率是向客户提供服务的时限。物业服务企业应尽量提高员工业务水平、减少工作环节、简化工作程序、缩短办事时间、提高服务效率。

三、降低投诉率

对于物业服务企业来说，投诉是难以避免的。如果不能很好地处理投诉，就会造成物业服务企业信任危机，制约企业的健康发展。因此，物业服务企业应采取措施，降低客户投诉率。

1. 完善制度

不断建立和完善各项管理制度，并严格按工作规程开展工作，是减少客户投诉的关键。

完善的管理制度和严格的工作流程为服务和管理提供了量化标准，既有利于物业服务企业提高管理水平，完善各项服务；也有利于客户评价、监督物业服务企业的工作。

2. 事前预防

物业服务企业应重点关注运营关键环节对客户的影响，针对各类内部隐患、客户投诉的热点问题，及时采取切实可行的预防措施，从源头上减少投诉的产生，并制定相关的预案，以便在出现客户投诉时，物业人员能够快速、有效地予以解决，具体可采取图 5-18 所示的两项措施。

> **请牢记：**
> 很多投诉问题的产生都符合典型的"蝴蝶效应理论"，企业内部十分微小的问题，都可能给企业带来致命性的影响。

物业服务企业可在客服中心设置意见本，主动征询客户的意见，给客户提供一个发泄不满的机会，同时发现工作中的瓶颈和不足

多数客户在遇到麻烦时会向物业工作人员提出非正式的投诉，所以，物业服务企业可以寻问与客户打交道的工作人员，收集客户经常投诉的问题。这样有助于物业工作人员有意识地减少投诉事件的发生

图 5-18　事前预防的措施

3. 及时控制

加大巡查力度，及时发现和解决问题，把事态控制在萌芽状态，是减少客户投诉的根本。

物业服务企业应加强日常管理，防患于未然，通过巡视检查等手段，尽量减少事故的发生。同时，加强工作中各个环节的管理，杜绝管理中的漏洞，使管理趋于"零缺点"或"无缺陷"。

4. 不断创新

不断适应社会的发展，努力寻找新的服务方式和方法，是减少客户投诉的前提。物业服务企业应关注客户的潜在需求，具备超前、创新思维，提供更完善和更便利的服务，这样才能获得客户的认可和支持，从而减少投诉的发生。

学习笔记

　　通过学习本章内容，想必您已经有了不少学习心得，请详细记录下来，以便后续巩固学习。如果您在学习中遇到了一些难点，也请如实记下来，以便今后进一步学习，彻底解决这些问题。

我的学习心得：

1. _____
   _____
2. _____
   _____
3. _____
   _____
4. _____
   _____
5. _____
   _____

我的学习难点：

1. _____
   _____
2. _____
   _____
3. _____
   _____
4. _____
   _____
5. _____
   _____